Dois Pontos

Reflexões Práticas sobre a

Gestão por Processos

Gart Capote

1ª Edição

2018

ISBN KDP 9781723892011

Índices para catálogo sistemático

1. BPM : Business Process Management : Administração de empresas 658.4063
2. Gerenciamento de Processos de Negócio : Administração de empresas 658.4063

Marcas Registradas

Todas as siglas e termos mencionados e reconhecidos como marca registrada e/ou comercial são de responsabilidade de seus proprietários. O autor informa não ser associado a nenhum produto e/ou fornecedor citado nesta obra. No decorrer da mesma, imagens, nomes de produtos e fabricantes podem ter sido utilizados e o autor informa que seu eventual uso é estritamente ilustrativo e/ou educativo, não visando qualquer favorecimento ou desmerecimento de produto/fabricante.

Crowdsourcing para revisão do livro

Allan de Souza Muniz	Jair Laperuta Neto
Andre Oliveira	Jeann Vieira, CBPP
Beatriz Araujo	Jones Ferreira, CBPP
Bruna de Jesus	Leandro C. Silva
Bruna Manduca	Luiz Eduardo Cirne Correa, CBPP
Camila Lourenço	Marcia Cardozo S. Bevilaqua, CBPP
Carla Cristina S. Lima Passareli	Marcus Raydan
Daniel Rodrigues	Micheli Sôares Moulin, CBPP
Danielle Villela de Mendonça	Samara Vaz da Cunha Trejan
Edna Dalfovo	Silvana Beltrão de Castro Oliveira Lima, CBPP
Erik Sonsim	Vanessa Lopes
Glicia Kelly, CBPP	Vanessa Pereira Jasinski
Gustavo Antonio Leo	Walter Kock
Haylla Balzani, CBPP	Wander Costa
Helio Gomes Rocha	

Conforme realizamos desde 2012 (no livro "BPM para todos"), esta obra também teve a honra de contar com a participação voluntária de profissionais que doaram tempo, conhecimento e carinho na realização de várias etapas de revisão de todo o conteúdo deste livro. Caso você encontre outros pontos de melhoria, por favor, entre em contato e providenciaremos os ajustes necessários.

Muito obrigado mais uma vez por todo o apoio e incentivo recebidos. Sem vocês, esse trabalho não seria tão divertido e produtivo.

Gart Capote

Agradecimentos

Aos colegas profissionais que participaram da revisão e, principalmente, colaboraram para o enriquecimento da obra e do tema Gestão por Processos em nossa comunidade internacional. É assim que evoluímos: colaborando, debatendo e construindo.

Muito obrigado.

"Se a cultura não permite, o gestor não entende e o executor não faz."

Gart Capote

Conteúdo

Objetivo do livro

Entregar uma coletânea refinada e atualizada, contendo artigos relacionados ao Gerenciamento de Processos de Negócio e que provocaram grande repercussão para milhares de leitores na comunidade profissional internacional.

Importante

Todos os artigos foram escritos e publicados por Gart Capote no Linkedin. Portanto, refletem sua independência profissional, suas ideias mais recentes e todas as convicções do autor sobre os temas aqui apresentados.

Apresentação

É possível que você ainda não me conheça, portanto, permita-me uma rápida apresentação. Se já conhece, pode pular para o primeiro artigo.

Sou profissional de BPM (Gerenciamento de Processos de Negócio) desde 2003. Iniciei na profissão trabalhando em parceria com alemães para a realização de projetos históricos no Brasil e em outros projetos internacionais com americanos, ingleses, sul-africanos, gregos e canadenses. Devido ã minha origem tecnológica (desenvolvimento de *software*), automatizo processos com BPMS desde os primórdios do surgimento do conceito e da tecnologia, utilizando desde as mais variadas e esdrúxulas notações que já existiram até a mais atual - BPMN 2.0. Além disso, já escrevi e publiquei outros 4 livros sobre BPM[i], palestrei em algumas dezenas de eventos e cidades pelo mundo e colaborei com a atualização e melhoria do BPM CBOK v2 e v3[ii].

Também fui o responsável pela criação da ABPMP no Brasil[iii], pois eu era membro do *chapter* de Tampa Bay na Flórida em 2007, quando tive a ideia de fundar o *chapter* nacional e desenvolver o tema em nosso país.

Resumidamente, idealizei, convidei profissionais da comunidade de gestão, fundei e presidi a ABPMP Brasil por mais de 8 anos consecutivos.

Tornamos o Brasil no maior *chapter* do mundo, com milhares de associados e centenas de profissionais certificados CBPP[iv].

---

[i] http://www.gartcapote.com/livros.html
[ii] http://www.abpmp-br.org/bpm-cbok-v3-0/
[iii] http://www.abpmp-br.org/
[iv] http:// www.abpmp-br.org/certificacao-cbpp/

Finalizando esta rápida apresentação, tenho incontáveis horas de voo em consultoria de BPM, BPMN e BPMS e, principalmente, já capacitei mais de 3.200 profissionais em métodos, técnicas, princípios e tecnologias para análise, modelagem, melhoria, transformação e automatização de processos. Ou seja, BPM é a minha vida há pelo menos 15 anos ininterruptos e sou completamente apaixonado e envolvido com o estudo, a prática, a evolução do tema e a sua aplicação consciente nas organizações pelo mundo.

Fiz essa apresentação por achar interessante você conhecer um pouco da minha trajetória profissional com BPM antes de avaliar/criticar/apoiar o que vou dizer nessa coletânea de artigos. Espero que goste.
Boa leitura!

Gart Capote

www.GartCapote.com

Manifesto contra o conformismo na Gestão por Processos

"Um manifesto pode ser entendido como uma declaração pública de princípios e intenções para (1) apresentar um ponto de vista, (2) denunciar um problema e/ou (3) convocar a comunidade para uma determinada ação. Neste manifesto, estes três pontos se fazem presentes e conduzem o texto."

Não é possível acreditar e aceitar que continuar fazer o que sempre fizemos nos conduzirá a novos e melhores resultados.

É deveras atordoante ouvir de analistas, consultores, gestores e de outros profissionais das mais diversas funções organizacionais, que não há muito que possa ser feito, pois a direção da organização não entende e nem percebe o valor de BPM ou, no caso de organizações públicas, que não adianta lutar por certas mudanças, afinal, o que prevalecerá é a pressão ou a vontade política. Isso é conformismo.

Toda vez que ouço declarações desse tipo, imediatamente imagino o modelo mental de quem as profere.

Sempre digo que a maior mudança ou inovação não é, necessariamente, a inovação tecnológica, mas sim, a mudança de comportamento e mentalidade.

Os profissionais de processos, especificamente os simpatizantes e praticantes de Gerenciamento de Processos de Negócio – BPM, precisam assumir a responsabilidade de ajudar a promover a mudança de mentalidade.

Não basta alcançar certificações técnicas e titulações das mais variadas, o que precisamos – realmente – é aprender a dizer NÃO.

Dizer NÃO para propostas escusas, projetos mirabolantes que lesam a sociedade, escopos mal elaborados, trabalhos sem objetivos, produtos e serviços que ferem nossos princípios e os direitos de outros.

Nossa sociedade (mundialmente pensando), que está cada vez mais carente de valores e propósitos, precisa dar um basta imediato em todos os problemas que até agora temos "dado com os ombros". Ao continuar agindo assim, só passamos para a próxima geração a responsabilidade de resolver, se revoltar, resolver... desistir.

Os profissionais que trabalham com melhoria e gestão de processos são responsáveis diretos pelos resultados dos processos por eles melhorados e/ou geridos.

Sei que é mais fácil negar e/ou compartilhar a culpa. Mas, se não assumirmos a responsabilidade, nada mudará.

Pense nos processos organizacionais como elementos vitais, não apenas para a organização em si, mas para a sociedade como um todo. Pense na importância de um processo com a mesma intensidade que percebemos o valor da água em nosso planeta.

Adaptação

A água pode assumir as mais variadas formas, se ajustando e contornando obstáculos em direção ao seu destino (objetivo).

Processos inteligentes deveriam possuir esta mesma característica. Deveriam ter seu objetivo claramente definido, possuir fluxo de valor, desvios e eventos para tratamentos de exceção – com regras dinâmicas e atualizadas para evidenciar qual o correto caminho a seguir e entregar o que realmente tem valor.

Combate

A água pode ser utilizada para combater/extinguir variados tipos de incêndios. Processos inteligentes deveriam ser capazes de combater e até eliminar os "incêndios organizacionais".

Esses incêndios diários, normalmente, são produzidos de forma espontânea.

Nos incêndios organizacionais temos os mais variados combustíveis: trabalho mal definido, serviços sem definição de valor, qualidade ruim nos produtos, processos e serviços e relacionamentos desvalorizados.

Esses combustíveis, associados aos comburentes: má vontade, mau uso da tecnologia, desconhecimento da realidade sobre a capacidade dos processos e reagindo com uma poderosa fonte de calor extremo, chamada de "resultado ruim", normalmente, entram em combustão e o incêndio se alastra.

Hoje, em boa parte das vezes, a brigada de combate ao incêndio organizacional é formada por pessoas – conhecidas também como Heróis Corporativos ou apenas, pessoas que "vestem a camisa". É fácil reconhecer um membro desta brigada. Ele é visto com regularidade trabalhando após o expediente.

Vida

Água é vida.

Assim como a água é capaz de levar vida para regiões áridas e permitir a existência do ser humano, processos inteligentes devem ser capazes de prover melhores serviços públicos, melhor infraestrutura e, principalmente, melhor qualidade de vida para as pessoas.

Processos inteligentes são processos que foram bem analisados, medidos, melhorados e geridos. São processos capazes até de mudar o destino de populações inteiras.

Com processos inteligentes é possível, dentre muitas outras coisas, gerar mais empregos, fornecer melhor ensino, dar dignidade social, prover saúde pública adequada e preventiva, além de fornecer atendimento médico de qualidade quando necessário – nada parecido com discordar de escala de plantão e deixar pacientes na emergência sem atendimento. Se pensarmos bem, poderíamos arriscar e igualmente dizer:
Processo é vida.

Morte

Quando um ser humano é submerso em grande quantidade de água, e por muito tempo, seu corpo não resiste e sucumbe. Ele se afoga.

Processos burros, que não são nada além de burocracia, desperdício, trabalhos mal feitos, morosidade e incapacidade, têm a mesma facilidade que a água para promover afogamentos. São regiões inteiras, países até, que diariamente acordam submersos – inundados por uma quantidade absurda de processos ruins e desnecessários, promovendo assim, um enorme afogamento do desenvolvimento social.

Não há pessoa que não canse de nadar na tentativa de se manter na superfície e evitar um afogamento.

Não há cidadão que não se canse de lutar contra serviços públicos ruins para se manter vivo.

Não há empresário que não se canse de lutar contra a burocracia administrativa e os "super impostos" gerados por desperdícios, corrupção e mau uso do dinheiro público.

Se não agirmos agora, eles se afogarão.

Lembre-se:
"Nós"... somos eles.

Portanto, caro leitor, se você leu este manifesto e se identificou ou simpatizou com a mensagem, eu tenho uma boa notícia: a solução é simples e está disponível imediatamente. Ela se chama VOCÊ.

Não permita continuar sendo contaminado por derrotistas e descrentes de plantão. Essas pessoas precisam de ajuda para encontrar um motivo para acordar todos os dias pela manhã. Essas pessoas não lideram. Essas posturas não constroem nada além de conformismo e resistência velada. Você está satisfeito com o funcionamento geral da sociedade?

Aproveite o seu conhecimento, a sua indignação, a sua revolta com o *Status Quo* e faça o que você deve fazer. Comece a dizer NÃO para tudo que você sabe que está errado e que pode prejudicar a humanidade, a sociedade, o seu país, o seu estado, a sua cidade, o seu bairro, a sua rua, a sua casa, a sua família... você.

Ajudar a transformar a realidade, sempre fazendo melhor o que realmente deve ser feito. Esse deve ser o trabalho e única missão de todo profissional de processos.

Chega de aceitar e se conformar com tudo, tentando agradar a todo custo o contratante ou patrocinador da iniciativa.

Essa é a chamada para ação deste breve manifesto:

Profissional de Processos - Faça o que a sociedade precisa que seja feito.

Escritório de Processos.
Realizadores ou Orientadores?

Como bem sabemos, cada vez mais as organizações estão adotando práticas mais modernas de gestão do dia a dia e com isso buscam melhorar seus resultados eliminando erros e desperdícios. Além disso, procuram "harmonizar" estratégia organizacional com processos para que essa combinação se torne uma eficaz ferramenta de transformação. Isso tudo está presente na disciplina de gestão conhecida como BPM, ou, Gerenciamento de Processos de Negócio.

Porém, um elemento crucial para a adesão prática da disciplina precisa ser reconhecido e estabelecido. Esse elemento, viabilizador e mantenedor dos novos métodos, é conhecido como Escritório de Processos. Tradicionalmente, um escritório de processos precisa cuidar de uma série de etapas para a mais adequada adoção de BPM. Por exemplo:

1- Divulgação e conscientização da Gestão por Processos para os colaboradores da organização;

2- Desenvolvimento e manutenção do método de Gestão por Processos da própria organização;

3- Capacitação e desenvolvimento de competências profissionais no método;

4- Gestão de projetos envolvendo diagnóstico e melhoria de processos.

Além disso, quando a organização é iniciante ou ainda possui baixa maturidade no tema BPM, é bastante comum encontrar Escritórios de Processos que, além de tudo que mencionei antes, também atuam como os "braços e mentes" da realização das atividades de BPM. Ou seja, acabam por concentrar uma equipe de especialistas no tema e esses especialistas funcionam como consultores internos.

Esse tipo de configuração, apesar de muitas vezes necessária, é bastante arriscada e encontra problemas recorrentes, sendo um dos mais críticos, a limitação da capacidade de realização dos projetos ou "estrangulamento produtivo", criando assim, inúmeros gargalos na demanda interna. Além disso, quando o escritório é o responsável final pela realização de todas as ações de levantamento, documentação, proposição de melhorias, implantação, monitoramento etc.

Existe outro efeito igualmente ruim na organização: as unidades de negócio ou áreas funcionais não se sentem como parte responsável pelo resultado e esse fenômeno acaba provocando uma sensação de distanciamento das iniciativas de BPM e até mesmo da importância dessas ações.

É muito comum encontrar nesse tipo de escritório de processos, profissionais bastante estressados e desmotivados, pois sentem que estão carregando as iniciativas nas costas e, ao mesmo tempo, quase ninguém da organização percebe valor no trabalho realizado. É igualmente comum ouvir nessa organização frases como, "isso é com o pessoal de processos", "já pedi para olhar os nossos processos, mas eles ainda não vieram aqui" e outras frases parecidas.

Obviamente, esse tipo de declaração é uma clara evidência de distanciamento entre o que a organização diz querer e o que é realmente capaz de fazer. Nesses casos, nas diversas áreas da organização, ninguém se sente verdadeiramente responsável pelo resultado dos seus processos e a gestão do dia a dia. Porém, também temos o outro lado da moeda.

Existem organizações relativamente maduras em BPM e com alguma consciência da enorme necessidade de envolvimento de todos para que a Gestão por Processos se torne uma prática real - e não uma série de projetos e iniciativas com dificuldade de mostrar valor.

As organizações mais avançadas na Gestão por Processos, na maior parte das vezes, possuem seus escritórios de processos em níveis hierárquicos mais próximos da gestão estratégica.

Normalmente, não ficam atrelados sob uma gestão ou coordenação tático-operacional. Esses escritórios, além de manter a agenda motivacional de BPM bastante viva na organização, também mantém atualizado o método de gestão por processo, promovem e incentivam a capacitação dos colaboradores das áreas funcionais para que todos entendam o que está sendo feito e sejam capazes de tocar o dia a dia com entusiasmo e com o ferramental técnico necessário (BPMN, BPMS, CEP, *Lean* etc.).

Uma das maiores diferenças que percebemos entre escritórios realizadores de projetos (os que atuam em organizações com pouca maturidade de BPM) e os escritórios orientadores da prática (os que existem em organizações mais maduras no tema BPM) é que os escritórios orientadores se preocupam com a manutenção e utilização diária do método em cada área do negócio, fazendo com que os colaboradores se sintam parte crucial dos processos e responsáveis pelo seu desempenho.

Os escritórios orientadores da prática não se tornam gargalos de adesão do método, pois já capacitaram as pessoas e criaram multiplicadores entusiastas da Gestão por Processos. Não ficam levantando e modelando processos o dia todo, pois a manutenção dos processos é de responsabilidade dos colaboradores (atores dos processos) e seus gestores.

Na verdade, cada vez mais esses escritórios atuam na definição da nova e mais dinâmica arquitetura organizacional orientada por processos, apoiando na criação dos indicadores de desempenho e, principalmente, na criação de indicadores organizacionais - os indicadores que retratam a capacidade organizacional de alcance de suas ambições e valores sociais.

Um escritório de processos maduro é um instrumento estratégico para a organização promover e manter sua constante transformação.

Um escritório de processos iniciante é um instrumento operacional para viabilizar a realização de projetos de processos e comprovação de pequenos ganhos operacionais.

Ambos são valorosos, porém, é preciso iniciar a jornada organizacional da Gestão por Processos sabendo onde podemos, devemos e queremos chegar. Caso o contrário, os escritórios serão apenas mais uma área funcional organizacional, que pelo mesmo motivo das outras áreas da organização, acabará se isolando e distanciando das reais necessidades organizacionais e da sociedade (seu maior Cliente). Portanto, e para encerrar, gostaria de deixar aqui minha colaboração final.

Se a sua organização já possui ou está definindo um escritório de processos do tipo "realizador", não tem problema, desde que se defina a evolução do mesmo ao longo da jornada.

Se a sua organização já funciona com um escritório de processos mais "orientador", prepare-se, pois seu próximo desafio é apoiar a camada estratégica na nova e necessária transformação organizacional.

É um mundo mais abrangente e dinâmico que estamos vivendo. Não é mais viável manter dogmas institucionais e isolamento social. Já estamos todos unidos e o tempo todo. Queiramos ou não.

O novo cenário de BPM no Brasil

Vivemos um momento bastante peculiar em nosso país, não só pelas questões político-econômicas, mas também estamos enfrentando grandes desafios no âmbito das organizações. Por isso, quero falar com você sobre alguns pontos muito importantes em nosso cenário mais atual e para os próximos anos. Ainda estamos na segunda década de 2000 e, diariamente, testemunhamos grandes mudanças em negócios por todo o mundo. Em poucos anos de retrospecto, conseguimos destacar grandes transformações, tais como o surgimento do Uber, Netflix revolucionando a forma como nos relacionamos com a televisão, carros elétricos, carros autônomos, a preocupação com a sobrevivência de nossa espécie sendo pano de fundo para aplicação da economia circular, os modelos de compartilhamento e servicilização* de produtos etc.

Avaliar a evolução dos negócios nos últimos 6 anos é uma tarefa bastante enriquecedora e, obviamente, inspiradora para os próximos anos que virão.

Podemos entender a Servicilização como a transformação de produtos considerados e comercializados como bens de posse individual (carros, imóveis, eletrodomésticos etc.) em serviços compartilhados ou utilizados apenas por demanda (assinaturas).

Porém, em nosso país, apesar de experimentarmos a modernidade e a evolução em muitas frentes, continuamos com alguns "pequenos detalhes" estacionados no século XIX e XX. Nosso serviço público continua precisando de muito esforço para melhorar e, um dia, se tornar algo minimamente aceitável. Nossa capacidade de trabalho continua muito aquém dos padrões de países desenvolvidos.

Sofremos de perda de competitividade por fatores recorrentes e históricos, tais como: burocracia, desperdício, processos obsoletos e baixa qualidade ou confiabilidade em produtos e serviços.

Essa constatação, imediata e fácil para qualquer pessoa, não tem a intenção de ser desanimadora ou ser um lamento. Pelo contrário. Escrevo isso para, mais uma vez, reforçar em nossa rede profissional a necessidade de agirmos com seriedade, coragem e perseverança.

Compilei alguns números recentemente e vou utilizá-los para orientar nossa conversa nesse artigo.

No Brasil, atualmente, temos mais de 16 milhões de empresas ativas. Seria um número incrível, se todas estivessem em boa situação e em condições de sobrevivência e/ou crescimento. Porém, desse total, mais de 13 milhões é formado apenas por micro e pequenas empresas – que possuem alta taxa de mortalidade e baixa expectativa de vida. Sendo assim, nos resta pouco mais de **2,4 milhões de médias e grandes empresas** – o que também é um número bem impressionante.

Vamos utilizar esse valor para fazer uma pequena estimativa.

Se cada média/grande empresa possui ao menos 10 profissionais que atuam diretamente na gestão organizacional (nível tático/ operacional), de maneira bem realista, temos um universo de aproximadamente 24 milhões de profissionais atuantes na área. Se apenas 1 de cada 10 profissionais desse montante tiver interesse em se especializar em Gestão por Processos, teríamos, facilmente, mais de **2 milhões de especialistas** (os CBPPs).

Quando observamos o número de CBPPs atualmente no Brasil, percebemos que não alcançamos nem **0,05%** do total possível. E a pergunta inevitável é, por que não?

Depois de muito refletir sobre esse *Gap*, encontrei algumas questões e acredito que estamos pecando em diversos princípios. Sem querer me estender demais nesse texto, vou elencar apenas 2 pontos que considero como principais para mudarmos esse resultado.

Até agora, só falamos com profissionais de processos.

Sim. Somos uma associação de profissionais de processos, mas não apenas isso. Precisamos incluir outras "personas" em nossos eventos, livros, artigos, podcasts etc.

Só conseguiremos a devida atenção ao que precisa ser feito quando incluirmos outras pessoas na conversa. Enquanto falarmos esse dialeto que só é conhecido ou interessante para outros especialistas, nos manteremos isolados e à margem do potencial que a disciplina possui. A ABPMP Brasil vai tratar de resolver isso.

Tenho certeza de que a rede vai se unir e ajudar. Sabemos que falar com mais pessoas vai fortalecer a profissão e trazer os resultados que tanto precisamos em nosso país. Contem sempre comigo.

A maturidade das organizações no Brasil.

Quem me conhece sabe que vivo o mundo BPM desde 2003 e viajo para cada canto desse país levando o tema e ajudando profissionais e organizações. Sendo assim, mesmo que "empírica", fiz uma pesquisa e compilei 4 grandes grupos de maturidade nas organizações. Vou chamá-las de **"Personas Nacionais de Maturidade"** e a ideia é apresentar o nível de maturidade de cada uma frente à sua realidade diária e ambições.

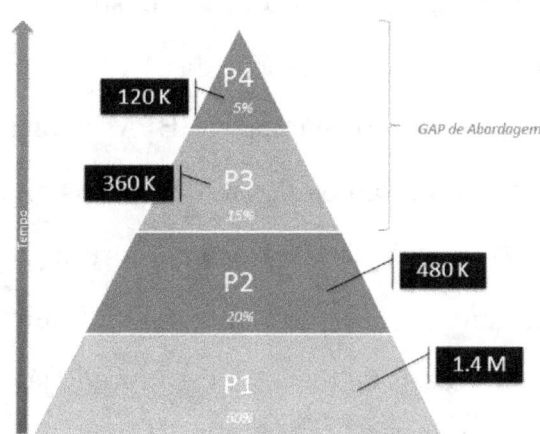

Pirâmide quantiqualitativa
de **Personas** por **Realidade** e **Nicho**

Estimativa de Percentual de Organizações por Persona	
Persona	%
1	50 a 60
2	20 a 30
3	10 a 15
4	5 a 10

Distribuição	
Tipo	%
Serviços	44
Comércio	40
Indústria	6
Agro	4
Grandes Varejos	6

P4 5% — 120 K
P3 15% — 360 K — GAP de Abordagem
P2 20% — 480 K
P1 60% — 1.4 M

Considerando os 2.4 milhões de Médias e Grandes empresas em 2016.

Sem querer avançar muito, pois tratarei desse detalhamento das personas em outro texto, posso dizer para você que, hoje, e aproximadamente, **60%** das organizações (médias/grandes) vivem em um estágio inicial e focado na própria sobrevivência.

Para a outra persona organizacional, em torno de **20%** estão buscando por estruturação de seus processos, sendo que **15%** (a terceira persona), já atuam com foco em melhoria consistente de resultados. Infelizmente, apenas **5%** (a quarta persona) estariam em nível avançado e consistente a ponto de focar em transformação de produtos, serviços e, até mesmo, alteração no modelo de negócio.

Como disse antes, não tenho a pueril pretensão de ser exato nesses números, mas preciso mostrar o quanto ainda temos que trabalhar.

É função do profissional de BPM apoiar as organizações nesse avanço., Precisamos fazer com que as organizações evoluam.

Para a maior parte das empresas que considerei nesse levantamento, ver e ter pela primeira vez seus processos documentados de maneira estruturada já é uma grande vitória.

Para muitas outras, já é chegado o momento de transformar a estrutura de processos em ações repetíveis e consistentes para o avanço na forma de melhoria.

Porém, também temos o outro lado. Quase 5% desse total já possuem um olhar mais ambicioso e até disruptivo, e isso é muito bom para todos.

Hoje, profissional de processos ou interessado em gestão organizacional, seu desafio imediato é ajudar 2,4 milhões de empresas a evoluir em suas práticas de gestão. Chegará o momento em que a evolução por melhoria contínua não bastará para essas organizações. Nesse momento, você será útil na viabilização e estruturação de grandes transformações organizacionais.

O profissional precisa entender que o jogo é dinâmico. O lado esquerdo do nosso cérebro é um ativo humano que já possui data de validade. Nossa capacidade lógica é alvo da evolução tecnológica, com robótica, *softwares*, BPMS etc. Lembre-se: a tecnologia de automação já substitui nossos ossos e músculos em muitas operações. O próximo passo, já sabemos qual é. Porém, o lado direito do nosso cérebro ainda é algo misterioso e distante para as máquinas. Como ensinar empatia? Sensibilidade, apreciar arte, música e relações humanas? Essas são habilidades que nós, profissionais da lógica, precisamos desenvolver.

É cada vez mais anacrônico pensar em melhoria de processos sem considerar o foco do Cliente. Como pensar em produtos e serviços sem considerar os momentos da verdade na jornada do Cliente?

A nossa capacidade de entender o Cliente e se colocar no lugar dele é um grande diferencial. Infelizmente, ainda pouco utilizado pelos nossos colegas que trabalham com o lado esquerdo a maior parte do tempo (pode me incluir nessa lista). Temos um belo e desafiador horizonte no mundo da gestão e dos negócios. Cada vez mais seremos desafiados a **usar os 2 lados do nosso incrível cérebro**. A pergunta que deixo para reflexão:

*Em nossa evolução social, **significância** (1) e **propósito** (2) são elementos que reduzem cada vez mais o gap entre a prosperidade material e a satisfação pessoal. Como podemos levar esses elementos (1 e 2) para nossos processos, produtos e serviços?*

Dica: Aproveite seu lado direito do cérebro e sua incrível capacidade de empatia para responder.

A retomada da gestão é a retomada do crescimento

Como melhorar o desempenho, a felicidade dos colaboradores, a qualidade nos serviços, a competitividade organizacional e até crescer, mas sem precisar de constantes e vultosos investimentos financeiros?

Após consecutivos períodos de desaceleração, quais são as ações necessárias para que a Gestão por Processos viabilize as estratégias mais adequadas para a retomada do crescimento e a evolução organizacional.

Poderia ter se encerrado após a publicação do trabalho de Pareto, mas isso não aconteceu. Recentes pesquisas também comprovam que, aproximadamente, 80% do trabalho que realizamos no dia a dia das organizações está relacionado à repetição de atividades para (1) **correção de erros**, (2) **burocracia sem valor**, (3) **coleta e inserção de informações**, (4) muitas **alçadas de aprovação** e (5) **trabalhos mal definidos**.

Ou seja, temos pessoas sendo pagas para fazer o pior trabalho que elas poderiam fazer.

Perceba o contrassenso. As organizações exigem uma série de habilidades e qualificações na hora de contratar seus profissionais, porém, na hora de realizar o trabalho, esse mesmo pragmatismo se perde e jogamos o trabalhador na espiral da morte do caos tático-operacional moderno. Exagero?

Pare, pense e me diga depois. Quantas vezes você não pensou assim enquanto trabalhava:

- Essa atividade não faz o menor sentido! Quem será que definiu isso?

- Não é possível passar tanto tempo trabalhando e fazer só isso.

- O que o Cliente pediu já está pronto. Agora, só falta validar e aprovar com as dezenas de chefes de setores. Isso vai levar mais um tempão...

- Droga! Mandaram faltando uma informação. Vou ter de pedir de novo.

Conseguiu se encontrar em alguma dessas cenas? Em todas? Não se espante. Isso é bem mais comum do que você pode imaginar.

Só existe uma classificação apropriada para esse tipo de mazela organizacional. Chamamos isso de **DESPERDÍCIO**.

Toda vez que estamos realizando uma atividade que não é estritamente o mais importante e necessário para a entrega de valor do processo (o objetivo do processo), estamos envolvidos em trabalhos enfadonhos, burocráticos, repetitivos e, quiçá, idiotas. Esses tipos de trabalho são, por definição e sem exceção, desperdícios organizacionais.

Quando um gestor pensa em melhorar resultados, tradicionalmente, pensa em novos investimentos, aquisição de tecnologias, mais pessoal, nova infraestrutura, capacitação dos colaboradores e outras abordagens bastante comuns. Sabe qual a abordagem que está faltando para ajudar o gestor a melhor definir o que realmente precisa ser feito? Isso mesmo: uma abordagem de processos.

Mas existe uma condição para isso funcionar. Não estou falando de adotar a visão mais clássica e até ultrapassada de processos. Afinal, não é modelando e analisando fluxogramas ilusórios que iremos eliminar desperdícios.

Esses fluxogramas, quando muito, retratam apenas uma **lógica idealizada** e quase que surreal sobre a operação – algo muito **distante da realidade operacional** caótica, intrínseca e escondida na fumaça dos infinitos incêndios que precisamos apagar diariamente.

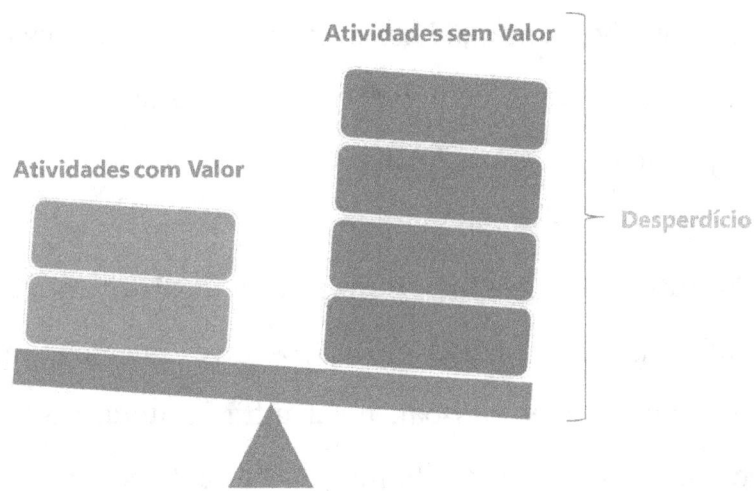

Quando desenvolvi o método de "modelagem da verdade" (2010-2011), pensei exatamente nesse ponto: precisamos representar e evidenciar, com muita clareza, todas as desconexões e perdas que existem nos processos organizacionais, mas que ainda não conseguimos enxergar nem comprovar no dia a dia, mesmo utilizando fluxogramas e outras notações mais modernas.

Ao aplicar esse método, que não é exclusivo, isolado ou proprietário, é gratuito e você também pode utilizar, adquirimos uma habilidade revolucionária. Se você preferir, e utilizando a *buzzword* do momento, a modelagem da verdade chega a provocar resultados disruptivos em alguns casos.

Venho aplicando esse método desde a sua criação e, sem medo de errar, afirmo que você vai se surpreender com os resultados.

Melhor ainda, sua organização vai entender e acreditar que muito ainda pode ser feito, **mesmo sem grandes investimentos**, aquisições, contratações etc. Você será capaz de evidenciar inúmeras "**oportunidades de melhoria**" logo no início do trabalho de descoberta e diagnóstico. Quando digo que a retomada da gestão é a retomada do crescimento, estou assumindo algumas premissas, e uma delas é a eliminação da **miopia gerencial**.

Se você é um gestor, não fique chateado, pois é esperado que sua visão se torne um pouco menos nítida ao longo do tempo. À medida que as cobranças diárias se intensificam e afastam você do dia a dia operacional, é natural e previsto que você adote e confie em outros sistemas de aferição de resultados. Podendo ser por meio de indicadores de desempenho, relatórios de acompanhamento, outras pessoas para coordenar e manter a operação etc. Só tem um detalhe: todos esses meios de gestão, se orientados pela mesma turva, caótica e ilusória percepção do trabalho, no final das contas, irão colaborar para a miopia gerencial. **Pior do que não saber o que está acontecendo é supor que sabemos.**

Muitas decisões equivocadas nascem diariamente da volátil composição de: pressão por resultados (**metas**), operação caótica (**processos ruins**) e informações desconexas (**ilusão alegórica**). Essa é uma das grandes armadilhas na vida do gestor.

Ainda na eliminação da miopia, outro participante se faz essencial nessa "operação" *oftalmo-gerencial*. Obviamente, precisamos da ajuda de especialistas em processos, mas com ressalvas.

A ajuda que o gestor precisa não virá do profissional de processos, que está interessado em passar meses fazendo documentação de processos defeituosos, que são habilmente travestidos de fluxogramas e chamados carinhosamente de "*As Is*", e ao fim, nada entregam além de caixinhas e setinhas em diagramas ilusórios que um dia serão impressos e abandonados.

Se esse é o único objetivo do trabalho, isso o torna anacrônico e é um dos motivos principais que leva os gestores e outras lideranças organizacionais a torcer o nariz quando falamos de BPM, processos ou qualquer coisa parecida. Eles estão traumatizados.

Nós, profissionais de processos, precisamos avançar também. Quando ouvimos e lemos sobre transformação digital, uberização disso ou daquilo e tantas outras maravilhas modernas, ficamos tentados a embarcar nesse maravilhoso e novo mundo cheio de oportunidades que se abrem frente a um passado que se fecha. Aí, eu te pergunto:

Você foi ousado até agora?

Você se atualizou nos conhecimentos quando trabalhava com processos, ou ficou fazendo a mesma coisa por anos e anos mantendo o *status quo*?

*A primeira grande transformação que o profissional de processos precisa fazer é **parar de falar de processos.***

Fale com seu Cliente, seu patrocinador ou seu gestor, mas fale sobre as coisas que realmente importam para a organização, para os Clientes e para a sociedade como um todo.

Eu sei que é muito divertido estruturar o entendimento sobre o processo de maneira lógica e representar em diagramas quase irrefutáveis... e ilusórios.

As organizações precisam de nossa ajuda para encontrar e eliminar desperdícios, reduzir tempo de operação, melhorar serviços, eliminar defeitos, cuidar da jornada dos Clientes, reduzir custos e tantas outras coisas importantes.

Não seremos essenciais enquanto não agirmos no que realmente importa. **Saia da sua zona de conforto e coloque-se no lugar do Cliente.**

Pergunte, diariamente, o que o seu Cliente precisa. Qual sua verdadeira necessidade?

Lembre-se da história das geladeiras.

Ninguém compra geladeiras. As pessoas compram a conservação dos alimentos.

*Você **não** deve vender documentação, análise, melhoria ou transformação de processos. Você precisa entender, quantificar e qualificar, usando o foco do Cliente, o que essas ações nos processos vão entregar de valor.*

Eu sei que, muitas vezes, a documentação de processos tem grande valor, mas isso depende muito da maturidade organizacional e do cenário no qual ela faz parte. Na dúvida sobre os níveis de maturidade, veja meu artigo sobre "o novo cenário de BPM no Brasil".

A retomada da gestão, moderna e sem miopia, certamente, vai nos levar a uma retomada do crescimento.

Um país que tem organizações com competitividade em nível mundial, mesmo com as mazelas políticas que todos possuem, pode acreditar que é possível e, finalmente, realizar o que se propõe. Tornar-se uma potência ou liderança em qualquer que seja o tema, normalmente, demanda muito empenho e dedicação para constantemente ser capaz de melhorar as capacidades operacionais, gerenciais, comportamentais, tecnológicas e estratégicas.

Auxiliar a alcançar e manter as condições gerenciais necessárias para tornar realizável a desejada capacidade organizacional. Essa é uma das grandes missões dos profissionais de processos.

Modelar a verdade e utilizar o Foco do Cliente para transformar resultados

Como revolucionar resultados utilizando (1) informação sobre a situação atual da organização e (2) conhecimento sobre os Clientes?

Gestores, empresários e executivos não aguentam mais ouvir sobre modelagem *"As Is"*, projetos de levantamento de processos, mapeamento de processos, descrição de procedimentos e outras coisas do tipo.

É um anticlímax total conversar sobre essas ações dentro e fora de organizações com mais de 10 anos de vida. Afinal, a maior parte já participou de, no mínimo, uma ou duas iniciativas de processos com esse tipo de abordagem. Já investiram muito tempo, dinheiro e reputação em esforços que, depois de muitos meses, entregam pouco ou nenhum ganho real para a organização.

Sendo assim, como é que estamos falando de revolucionar resultados utilizando informação sobre a situação atual de uma organização (o *"As Is"*)?

Simples. Faremos o que precisa ser feito. Faremos, na fase de *"As Is"*, análise e diagnóstico de processos, mas com objetivos mais interessantes e poderosos.

Nesse ponto do texto, tenho certeza de que todos os meus ex-alunos já sabem do que estou falando. Vamos chamar essa abordagem de "**Modelagem da Verdade para Diagnóstico de Rupturas e Oportunidades de Melhoria**".

No meu terceiro livro, Medição de Valor de Processos para BPM[i], apresento detalhadamente o método que orienta a utilização da notação BPMN 2.0 para alcançar diagnósticos revolucionários.

Não é preciso reinventar a roda ou ser um cientista de foguetes para aplicar a modelagem da verdade e conseguir diagnósticos que evidenciam problemas que ficam ocultos em outras abordagens. E mais do que isso, como transformar essas "anomalias" organizacionais e processuais em verdadeiras oportunidades de melhoria. Não é possível ensinar o método nesse breve artigo, mas posso deixar registrada aqui uma grande sacada (dica) que faz toda a diferença na hora de modelar os processos.

É o seguinte: ao tentar representar atividades conectadas em uma ordem de realização, antes de você sair desesperadamente conectando as atividades com as "setinhas" (sequências) de

---

[i] www.gartcapote.com/livros.html

BPMN, pare, respire fundo e pergunte para a atividade que receberá a sequência:

O término da atividade anterior sensibiliza (notifica) a próxima atividade de que é a vez dela agir (como é o gatilho)?
Todas as informações necessárias para a realização do trabalho estão disponíveis e foram entregues para a próxima?
Existe garantia dessa entrega de informação (insumo), ou é apenas uma ilusão criada pela lógica de realização?

Nas primeiras vezes que tentar, garanto que você vai se sentir desconfortável com as respostas, pois ficará cada vez mais evidente que estamos diante de processos e trabalhos totalmente "picotados".
Ficará cada vez mais claro que, aquele sequenciamento todo que estava "fluxogramado" e que sempre é descrito em modelos e mapas de processo, não passa de ilusão de ótica e interpretação.

Fique feliz ao chegar nessa conclusão, pois imediatamente após, você estará diante de novas oportunidades de resolver os problemas ou até mesmo dar um novo rumo aos processos. Outra coisa boa: a miopia operacional e gerencial começa a ser tratada nesse mesmo momento.

Finalizando a dica sobre a fase "*As Is*", quando for levar seu diagnóstico ao gestor, empresário ou executivo, não foque no mapa ou modelo de processo. Esse material é insumo importantíssimo para produzir o seu diagnóstico, mas não é o seu objetivo.

Ao tratar do diagnóstico, apresente de maneira estruturada e impactante as coisas que realmente importam ou, como chamamos, as **informações relevantes para a tomada de decisão**.

Por experiência prática, tanto em projetos quanto em sala de aula, posso lhe garantir: sua audiência ficará positivamente chocada com os resultados e a origem deles.

Vá e faça, sem medo de ser feliz, pois nossos gestores, empresários e executivos estão mais do que cansados do velho resultado do trabalho de "*As Is*". Faça uma pesquisa e pergunte a eles se estou mentindo ou exagerando. Porém, temos um detalhe importante nessa situação: esses mesmos profissionais, quase nunca receberam diagnósticos com base na modelagem da verdade e que evidenciam claramente os motivos pelos quais levamos tanto tempo para fazer as coisas, gastamos muito e erramos tanto e, claro, por que estamos perdendo credibilidade, Clientes, faturamento etc.

Encerrando, e finalmente tratando do outro elemento da premissa deste artigo, vou explicar a ideia de revolucionar resultados utilizando o "*As Is*" e o foco do Cliente.

Quando estamos fazendo diagnósticos em organizações que não funcionam com o foco DO Cliente (***outside-in***), naturalmente, o trabalho no "*As Is*" seguirá a mesma antiga perspectiva (***inside-out***).

Sendo assim, nosso diagnóstico também terá um viés muito mais "operacional". Ou seja, é mais comum fazer diagnóstico sobre os tópicos tempo, custo, capacidade e qualidade. Nenhum problema até aí, afinal de contas, qual gestor pode se dar ao luxo de ignorar essas informações em seu dia a dia?

Mas, utilizando a modelagem da verdade conjugada ao foco do Cliente, podemos avançar muito nesse ponto. Vou explicar melhor.

Desde 2009 venho aplicando nos diagnósticos, e não apenas em esforços de melhoria, uma comparação complementar aos elementos de medição mais tradicionais (tempo, custo, capacidade e qualidade). Nesses últimos quase oito anos, costumo sugerir e aplicar no diagnóstico o elemento mapa da jornada do Cliente (*Customer Journey*) e, desde 2014, utilizo o *canvas* que desenvolvi.

Nesse *canvas* conseguimos representar a jornada física (1) e emocional do Cliente (2), suas interações com cada canal (3) e pontos de contato (4), os momentos da verdade (5), e a cereja do bolo, conseguimos evidenciar a relação direta e indireta de todos esses elementos com os (6) processos internos e externos (7) das organizações envolvidas ao longo na jornada. Chamo esse material de *"Customer Journey & Process Integration Canvas"*.

Achei o nome interessante, pois evidencia logo no início o seu grande diferencial: **a integração visual da jornada do Cliente com os processos organizacionais.**

Com esse *canvas*, saímos do mundo do post-it, ultrapassamos os limites dos *canvas* de jornada mais tradicionais e entramos no mundo digital e integrado com a melhor notação de processos da atualidade (BPMN 2.0).

Existem ótimos *canvas* de jornada do Cliente por aí. Eu mesmo já utilizei uma dúzia deles, mas até hoje, nenhum me ajudou a mostrar para os gestores, executivos e empresários, de maneira lúdica, simples e pragmática, como é que os processos organizacionais ajudam ou atrapalham na entrega das melhores experiências para nossos os Clientes. Simples assim.

É preciso mostrar para essas lideranças, de maneira estruturada, pragmática e com bem menos sensação de opinião, se somos/ seremos capazes de entregar o que prometemos. As organizações vivem uma nova realidade com novas demandas e precisam cada vez mais tratar de relacionamentos muito mais interconectados, disponíveis e *"omni channel"*.

É um grande desafio conseguir diagnosticar e projetar a forma como agimos para que, tudo o que é feito, nos mais diversos canais e pontos de contato, tenha a qualidade desejada e entregue a experiência prometida ao Cliente. É como se diz por aí nesse mundo da jornada de Cliente: **"A experiência do Cliente é o processo mais importante."**

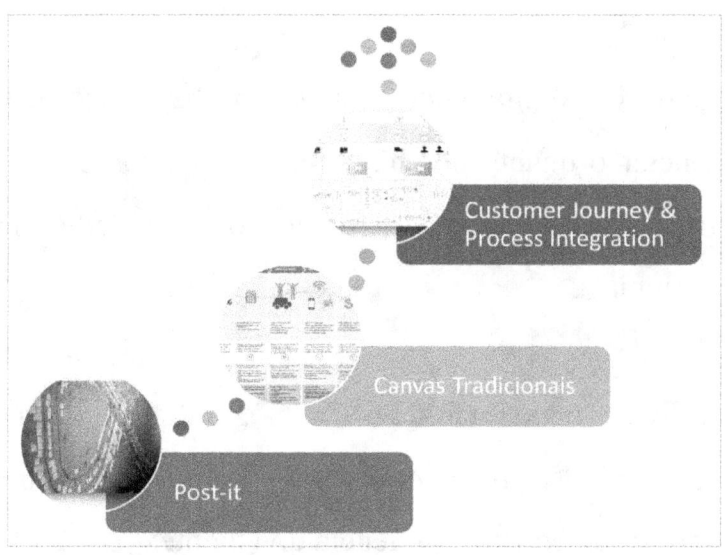

Sendo assim, nosso primeiro desafio para criar transformação nos processos com foco do Cliente é, inclusive, não apenas pensar e definir as diferentes personas, mas saber representar esses processos conectados de maneira integrada e real, na própria jornada do Cliente e em cada uma de suas ações.

Essa é uma grande paixão profissional que venho desenvolvendo na última década e, felizmente, cada vez mais tenho conseguido aplicar e ensinar seus princípios, métodos e técnicas.

Nesse momento ainda estou trabalhando meu novo livro – que trata exatamente de jornada do Cliente com integração e transformação de processos. Enquanto o livro não fica pronto, vou deixar aqui mais algumas sacadas sobre o tema:

- Na fase de **diagnóstico** (*As Is*), utilize a jornada para evidenciar o quanto nós não conhecemos sobre os Clientes da organização e como perdemos oportunidades por essa "ignorância";

- Na fase de **transformação** (*to be*), utilize a jornada para revolucionar os processos internos com base em um novo vetor estratégico – a experiência do Cliente;

- Ao projetar as transformações nos processos, devemos sempre envolver as áreas de marketing, relacionamento com Cliente, inteligência do negócio etc., isso vai permitir que os processos sejam impregnados por informações mais subjetivas e até emocionais. Isso permitirá um novo olhar sobre o que antes era apenas "trabalho". O efeito é incrível!

Finalizando, espero que você tenha gostado das sacadas e que elas possam ajudar você e sua organização na jornada de transformação organizacional que vivemos diariamente.

8 Habilidades na Gestão Moderna

Governo digital, uberização de serviços, economia circular, servicilização de bens de consumo e várias outras transformações disruptivas. Qual o papel do profissional líder nesses cenários e como se preparar?

Antes de começar a responder, acredito que seja igualmente interessante explicar o motivo deste texto. Recebo centenas de e-mails todas as semanas e muitos desses e-mails tratam de um tema bastante recorrente na vida dos profissionais de processos.

"Quais as habilidades necessárias para que o profissional de processos possa ajudar as organizações nessa era de mudanças, com jornadas tão dinâmicas, de cobranças cada vez maiores, competição extrema e escassez de recursos?"

A questão é complexa e a resposta precisa ser direta – sem rodeios. Porém, com um aviso desde já: não espere uma lista definitiva. Não fique triste se algo que você acha importante não está listado. Em outros artigos trataremos de outros itens.

Sendo assim, achei por bem compilar uma série de informações relevantes sobre as responsabilidades, habilidades e ações que os colegas de profissão precisam se desafiar, aceitar e agir.

Aos amigos CBPPs (*Certified Business Process Professional*), um breve recado: **esse é o nosso maior desafio. Preparem-se!**

Não gosto de escrever listas do tipo, "os cinco maiores isso", "os dez mais aquilo", mas para não me estender demais, precisei fazer algo parecido. Então vamos lá. Se tivesse que dar o nome deste artigo com uma abordagem de lista, chamaria de: *As oito habilidades técnicas que são transformadoras para todo profissional de modernização e gestão organizacional no século XXI.*

Sim, eu sei. Ficou longo e brega esse nome, mas é isso mesmo.

1- Lean & 6 Sigma

Eliminação de desperdícios e defeitos – tanto no trabalho mais operacional quanto no mais intelectual.

2- Gestão de Projetos

Processos estruturados para condução de iniciativas em qualquer nível intelectual de trabalho.

3- Scrum

Mais agilidade na entrega de resultados em processos e projetos de construção de soluções tecnológicas.

4- Business Case

Processos estruturados para gestão eficaz de iniciativas de investimento com apuração de resultados (*ROI*).

5- Outside-in & Design Thinking

Princípios e métodos para construção de soluções mais aderentes aos valores percebidos e desejados pelos Clientes.

6- BPM

Disciplina gerencial para promover o alinhamento entre as estratégias organizacionais e a capacidade real de realização.

7- Gamification

Utilização racional de elementos de jogos para atração, engajamento e direcionamento de "atores/jogadores" no alcance de objetivos estrategicamente estabelecidos.

8- Jornada do Cliente

Método para representar as ações do Cliente ao longo da jornada externa e, ao mesmo tempo, integrar com os processos internos para evidenciar na organização a sua real capacidade de entrega de valor. Seu maior diferencial está na capacidade de orientação "empática" de ideias e soluções propostas pelas participantes.

Se observarmos com cuidado cada uma das "habilidades" anteriores, perceberemos um fenômeno muito saudável e interessante. Nenhuma dessas habilidades diz que as outras não importam. Pelo contrário, quem estuda e pratica as mesmas, sabe muito bem que todas têm um intuito muito mais agregador do que exclusivista ou "matador".

Isso é muito bom e comprova certo nível de maturidade – mesmo que ainda não exista um consenso universal entre todas elas, seus praticantes conseguem unir os pontos e fazer valer a riqueza dessa biodiversidade de seres, estilos, conhecimentos e práticas. Sendo assim, se você também já se perguntou, ou ouviu de outros colegas, algo como:

Vivemos uma obsolescência inevitável? Esgotamos nossa capacidade de ajudar as organizações?

Sabiamente, te responderei: Depende!

Depende de você.

Se você continua ofertando os mesmos produtos e serviços desde o início da década de 2000, a obsolescência e o esgotamento já podem estar bem próximos.

A dinâmica que rege o mercado *"glocal"* (global-local), é a mesma que orienta a nossa necessidade profissional de atualização. Bom, ao menos deveria ser. Nem todos seguem essa mesma linha de pensamento.

Se você se pergunta sobre como ajudar – realmente – as organizações nessa década de mudanças exponenciais e transformações disruptivas, a notícia é MUITO boa. Tudo o que precisamos aprender de imediato já está imediatamente disponível. Basta procurar.

Sim, as oito habilidades listadas neste artigo, quando conquistadas e adicionadas ao seu portfólio de conhecimentos e experiências, pode ter certeza, irão torná-lo um profissional pronto para atuar e avançar no século XXI.

Não estou dizendo que você será capaz apenas de entender e falar sobre o que está acontecendo - é muito mais que isso. Estudando essas habilidades citadas, certamente, será capaz de aplicar os conhecimentos e praticar o que é dito!

Meu amigo, esse é o ponto. Saber aplicar.

Você é um profissional que precisa apresentar resultados, não somente influenciar e estimular outros. Não estou dizendo que saber se comunicar e gerar empatia sobre o tema não é importante. Seria um contrassenso.

Porém, nosso desafio é ainda maior. Precisamos todos os dias e no meio do caos, gerir, convencer, continuar, lutar, aplicar, insistir, motivar, insistir mais uma vez e, ufa, apresentar resultados.

Pode acreditar. Essas habilidades são conquistas que você alcançará e utilizará na prática – imediatamente. Todas essas habilidades são ferramentas complementares e essenciais, tanto para a transformação que já vivemos e ainda viveremos, quanto para o enfadonho mundo da realidade operacional desmantelada e sofrida – que assola implacavelmente a maior parte das organizações.

Se nesse jogo profissional você precisa definir uma habilidade nesse momento para adicionar ao seu portfólio e melhorar sua capacidade de adequação ao século das mudanças exponenciais, pare, pense e decida:

1- Sou capaz de definir com riqueza de detalhes e muita clareza, quais são as personas dos Clientes e assim, criar experiências excepcionais em suas jornadas? Se for sim sua resposta, você já deve ser bom em **Outside-in**, **jornada do Cliente** e **design thinking**. Siga para outra habilidade;

2- Sei muito bem como descobrir e eliminar os mais variados tipos de desperdícios e defeitos nos processos, produtos e serviços das organizações. Verdade? Você deve ser muito bom em **Lean** e **6 sigma**. Siga para outra habilidade;

3- Sempre que estou à frente de uma iniciativa organizacional, sou capaz de conduzir sua realização com maestria e de maneira consistente para entrega de seus resultados. Parabéns. Você é um bom **gerente de projetos**. Siga para outra habilidade;

4- Nas ações de desenvolvimento de soluções de TI, sou ágil e estruturado ao mesmo tempo e não demoro muito tempo produzindo o que não é essencial para o resultado. Sim? No mínimo, você deve ser bom em **Scrum** (*Agile* etc.). Siga para próxima;

5- Quando preciso orientar e comprovar os ganhos dos investimentos organizacionais em novos projetos, produtos etc., sei exatamente como estruturar as ações e as medições de retorno. Você deve conhecer bem os princípios e processos de **Business Case**.
Siga em frente;

6- Sei diagnosticar e evidenciar problemas em processos interfuncionais com métodos e notações mais adequadas e, além disso, sou capaz de projetar melhorias com automatização de processos e gestão de indicadores de desempenho automatizados e preditivos. Rapaz, você deve ser bom em **BPMS**, **BPMN** e boa parte da disciplina de **BPM**. Siga para outra habilidade complementar;

7- Sei como projetar mecanismos divertidos e capazes de gerar engajamento e atração para produtos, processos, ações, serviços e mudanças. Você já sabe como aplicar a **gamificação**. Pule uma casa e escolha outra habilidade.

Resumidamente, e aproveitando a memória sobre uma palestra que realizei, podemos entender que, de acordo com a dinâmica, o cenário atual e as previsões para curto e médio prazo, o profissional de liderança organizacional (processos, projetos, business cases, produtos, gestão, serviços etc.) precisa pluralizar suas habilidades, aptidões e competências. Teremos grandes mudanças nas relações de trabalho e no próprio conceito de trabalhar. Flexibilizações e adaptações são uma realidade iminente e todos já sabemos disso. O profissional precisa ser capaz de agir em diferentes frentes, mesmo se mantendo ainda "especialista" em uma ou outra. Não é uma equação de subtração, é mais provável que seja de soma ou até multiplicação. Não estou sendo profético, apenas trazendo para a nossa rotina essas variáveis que, às vezes, são preenchidas apenas por desconfiança, incômodo e medo. Sabemos que o mercado do medo é algo poderosíssimo e movimenta boa parte do mundo. Também não tenho a pretensão de ser uma luz no fim do túnel ou qualquer tipo de guru, mas acho que é meu dever falar para os milhares de colegas e seguidores que me incentivam e fortalecem a cada leitura, compartilhamento e colaboração.

Somos muito mais fortes quando unidos pelo mesmo propósito. Nosso propósito é transformar a realidade de nosso país. Sendo assim, falo aqui para CBPPs, PMPs e todos os profissionais que se identificam com as mudanças e habilidades descritas aqui.

Se tivesse que escolher, chamaria esses profissionais do século XXI de os novos "**RENASCENTISTAS**".

Profissionais polivalentes que desenvolvem suas múltiplas habilidades sempre primando pela **racionalidade de suas ações, a dignidade do ser humano e o rigor científico na orientação.**

Força e Fé, Renascentistas!

Siga o Flow, brother!

Você conhece a maior Associação de Profissionais de Gerenciamento de Processos de Negócio (ABPMP)?

Se me permite, vou contar uma rápida história.

Em 2007 eu estava em busca de uma certificação em BPM e, procurando na internet, encontrei dezenas de empresas - cada uma com a sua certificação e sua referência de conhecimento.

Aquilo não fazia sentido para mim. Imagine só, precisar me certificar em cada uma delas seria caro, demorado, improdutivo e, provavelmente, não teria valor para o mercado. Fiquei bastante desmotivado com a ideia de entrar nessa jornada.

Então, quando já estava quase desistindo de me certificar, encontrei um site horrível. É verdade. A coisa era muito mal feita e com aparência de amadora, porém, seu conteúdo era completamente diferente de todos os outros.

Aquele era o site de uma associação de profissionais de BPM, que não tinha fins lucrativos, era independente de fabricantes e, um dia, pretendia publicar um conjunto de conhecimentos comuns na área de BPM (um CBOK) e, depois disso, criariam uma certificação internacional. Pronto! Encontrei o que estava procurando.

Bom, na verdade, era quase 50% do que estava procurando, mas o propósito era muito alinhado com o que eu acreditava.

Mas, e a certificação internacional? Não era isso que eu estava procurando?

Resumindo a história um pouco, eu me associei a ABPMP pelo *chapter* de Tampa Bay na Flórida em 2007 e comecei a participar da associação. Quando percebi que estávamos quase prontos para lançar o BPM CBOK, imaginei que seria o momento de trazer a ABPMP para o Brasil.

Fiz uma convocação pública para os seguidores do meu Blog e consegui reunir as pessoas necessárias, formamos o comitê executivo e abrimos o *chapter* brasileiro em abril de 2008 (www.abpmp-br.org).

E a certificação?

Quatro anos depois de entrar para associação nos EUA e três anos depois de abrir o *chapter* no Brasil, finalmente consegui a certificação que tanto procurava. Demorou? Talvez.

Gosto de contar essa história para mostrar que, às vezes, buscamos algumas coisas e as queremos de imediato. A pressão por resultados é grande e o mercado não perdoa os menos ousados. Porém, nem sempre encontramos à nossa disposição o que realmente queremos ou precisamos. Na verdade, às vezes começamos um movimento sem nem mesmo ter muita certeza de seu futuro ou seu propósito maior. Uma das lições mais importantes e aprendidas ao longo dessa incrível jornada é, digamos, bem simples. **Siga o fluxo** (o *Flow*).

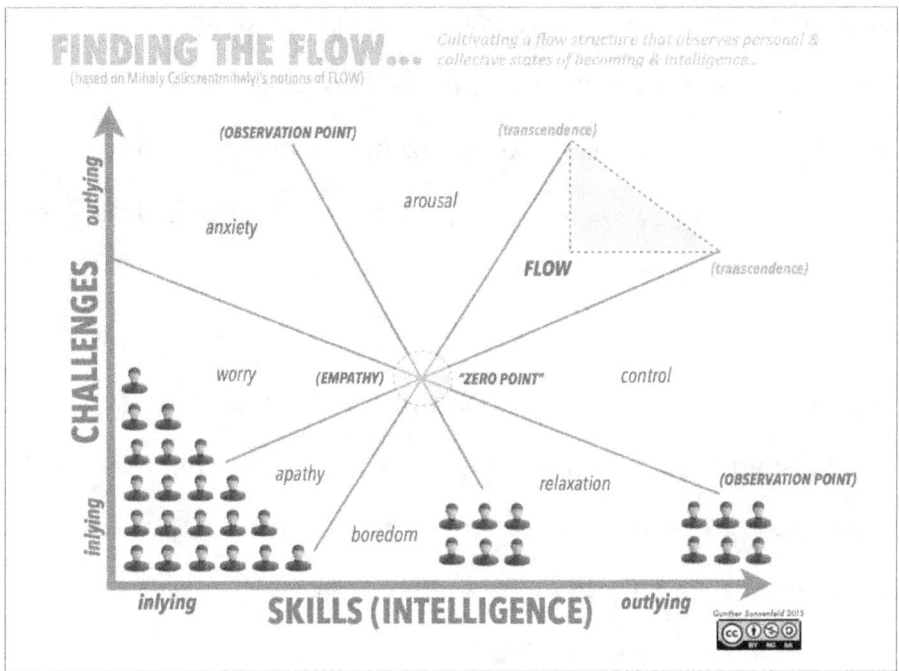

Não estou falando de fluxo de pessoas, de tendências, ideias e nem do efeito manada que acontece no dia a dia.

O *Flow*, para a psicologia positiva, e de maneira bem resumida, é o estado mental que alcançamos quando estamos fazendo algo que nos desafia, mas não gera ansiedade, medo ou desconforto. É quando estamos fazendo algo por horas, dias, meses e anos, e quando paramos para pensar, de tão bom que foi, damos conta de que nem percebemos o tempo passar.

O Flow é a dosagem dinâmica e perfeita entre habilidades e desafios.

Quando estamos no *Flow*, não percebemos o tempo passar, e você sabe: adoramos essa sensação. Desenvolver a ABPMP no Brasil foi um dos meus maiores *Flows* dos últimos anos.

Um *Flow* com propósito é tão poderoso que atrai outros *Flows* para você. Sabia disso?

Veja só: a ABPMP Brasil nos permitiu criar uma incrível base de colegas e amigos pelo mundo afora, tornamos o *chapter* Brasil o maior do mundo, somos a maior base de profissionais certificados CBPP do planeta! Quem diria?

Além disso, e ainda no *Flow*, num período de 5 anos escrevi 4 livros, fiz centenas de palestras e aulas, ajudei milhares de alunos e amigos… ufa! É muito *Flow* para uma pessoa só. Sou um profissional extremamente realizado e, ao mesmo tempo, inquieto. Obrigado, ABPMP Brasil. Obrigado pelo *Flow* maravilhoso.

Sabe o que eu desejo para você?

Que você encontre o seu *Flow* e trabalhe muito para que ele transforme a vida das pessoas ao seu redor em algo muito melhor. Isso é o que fazemos na ABPMP Brasil.

Um *Flow* que começa individual, mas encontra seu propósito no bem coletivo é, certamente, muito mais poderoso que qualquer outro egocentrado.

Encontre o Flow e a diversão começa.
Encontre a diversão e o trabalho termina.

Gestão, Criatividade e Inovação

Como melhor utilizar processos, serviços, pessoas, tecnologias e experiências de Clientes para viabilizar a modernização necessária nas organizações?

Sem dúvida, um dos grandes desafios do profissional atualmente. Não estamos diante de um *"compendium"* ou qualquer fórmula irrefutável, mas sim, diante do resultado de muita análise, pesquisa e, por que não, ideação complementar. Ao final, estamos diante de um simples convite. Permita que eu explique melhor. Tenho observado atentamente uma estranha "disputa" profissional que, infelizmente, vem sendo criada e nutrida internacionalmente pelas mais variadas formas de obtenção de atenção em uma desesperada estratégia para criação de público.

- *Disrupção x Gestão - quem ganhará essa batalha?*
- *Inteligência Artificial x Profissões "tradicionais" - o triste fim das profissões!*
- *Melhoria x Transformação - Estamos perdendo tempo buscando melhorias?*

Dinossauros x Unicórnios - Quem vai sobreviver?

Bom, resumindo minha opinião de maneira bastante rápida e objetiva, digo: pelo amor das minhas calças jeans! Parem o mundo que eu quero descer!

Quando é que vamos entender que esse maniqueísmo pueril é algo negativo para todos os lados? Todos saem perdendo.

Não podemos orientar nosso pensamento de maneira tão Cartesiana. Não somos máquinas… ainda. Aliás, até podemos viver com esse pensamento restritivo e limitado, mas não parece uma das melhores alternativas.

Recentemente, certa senhora escreveu um livro que tem no seu título uma referência às mais variadas (50) tonalidades de uma mesma cor. Nem preto nem branco. Nossa vida é colorida, outras vezes cinza, em certos momentos, quase translúcida… considerando apenas a capa do livro dessa senhora, podemos dizer que a vida é isso mesmo - *f**cking complex, baby*!

Por qual motivo, hoje em dia, e em cada canto que se chega nessa internet, que tudo aceita e tudo venera, sempre encontramos alguém dando um prognóstico infalível sobre o futuro e, pior ainda, sempre nos deixando apenas com 2 alternativas igualmente ruins e excludentes?

Você quer fazer parte de um passado que está com os dias contados, ou quer seguir a nova tendência super *cool*?

Sua empresa é igual ao Google, Facebook, Apple, Netflix, Airbnb ou Uber? Não?

Tsc, tsc, tsc*... Você já era!

Onomatopeia daquele som de reprovação que as pessoas fazem estalando a língua dentro da boca. Vai, pode fazer aí... não consegue? Tsc, tsc, tsc.

Fechando o parêntese nunca antes aberto, eu te pergunto.: precisamos tratar de temas tão complexos quanto estratégia organizacional, modelos de negócio, gestão, tecnologias e pessoas com tamanha superficialidade?

E o resto dos mortais? E as empresas que não são exponenciais, disruptivas, inovadoras e com ideias incríveis em seus portfólios e gênios?

Diga aí. Como é que, em um país como o Brasil, que vive uma realidade alucinante e dicotômica, *"suddenly"* ficamos rodeados de *"experts"* em disrupção, inovação e entrega de experiências sensacionais?

Onde vocês estavam nesse tempo todo? Por favor, nos ajudem a arrumar essa bagunça, pois está difícil continuar... penso eu.

Finalizando, e sem querer parecer um velho resmungão (só velho), apenas gostaria de deixar registrado aqui meu convite para uma iniciativa que pretendo desenvolver e compartilhar com todos vocês.

Vou lançar uma série de artigos, vídeos e podcasts tratando do tema Gestão, Criatividade e Inovação (acompanhe em www.GartCapote.com).

Nessa série, vamos falar de processos (digitais ou humanos), foco do Cliente (*outside-in*), jornada do Cliente, gamificação, *neuromarketing*, criatividade aplicada, melhoria de serviços (privados e públicos) e outros temas relacionados.

Spoiler sobre o conteúdo:

Não serei disruptivo ou exponencial. Apenas real.

Vou falar da mudança que acontece hoje, e hoje mesmo, precisa ser endereçada em nossas atividades profissionais.

Vou encerrar esse singelo e, talvez, incompreendido **convite**, referenciando um trecho de um blog da Deloitte Internacional onde menciona uma necessária evolução profissional para os dias atuais, mas trata de maneira bastante realista e objetiva. Perceba a abrangência e a coragem da definição. É algo muito poderoso para ler e imaginar.

*"Business Experience Designer é uma **função híbrida** que transita perfeitamente entre a consultoria tradicional e ambientes mais criativos.*

Em um único dia, esse profissional pode tratar de requisitos de sistema, mapear processos e, em seguida, conduzir pesquisas com Clientes e definir soluções digitais com novas estratégias."

Em outros artigos trarei para vocês:

* Princípios de Business Experience Designer
* Conhecimentos e Habilidades por Domínios
* Como o Business Experience Designer pode atuar e ajudar
* Elementos da Evolução Gradual e Complementar

Sendo assim, acompanhe e compartilhe. Ficarei muito grato.

Mas não é só isso. Aos amigos e colegas do mundo da Gestão por Processos (BPM), *Lean*, 6 *Sigma*, *Design Thinking* e outras mais:

Chegou a hora de entender nossa nova jornada e planejar os próximos passos.

É como digo a todo momento para os colegas do Brasil, dos EUA e da Europa:

"Já está na hora de entender o Design Organizacional de maneira integrada, interfuncional e interorganizacional. Só assim teremos o olhar necessário para construção de melhores processos digitais, com valorização e engajamento humano e entrega de excepcionais experiências para os Clientes. Acredito que a grande (r)evolução humana não virá da inteligência artificial, mas da nossa capacidade empática e criativa em criar o mundo necessário."

Em 2007 eu era membro da ABPMP International (*chapter* de Tampa Bay - Flórida) e acreditava muito na proposta de valor dessa incrível disciplina de gestão e já acreditava muito na associação que a lidera até hoje.

Em 2008 convoquei colegas no meu blog de BPM para me ajudar a estabelecer o *chapter* da ABPMP no Brasil.

Desde 2014 a ABPMP Brasil é o maior do mundo!

Esses resultados não são alcançados com o trabalho de pessoas isoladas ou sem alinhamento de propósitos. A união de pessoas sensacionais viabiliza esse resultado extraordinário e ímpar.

Entender que ainda temos muito o que fazer é dar continuidade nas ações necessárias e permitir que esse país avance de maneira estruturada e sustentável.

A ABPMP, o PMI e diversas outras instituições, capazes de unir profissionais, e não "videntes", são as engrenagens desse motor que não pode parar.

O Business Experience Designer não deve ser entendido como mais uma *"buzzword"*, pois é uma função profissional para quem domina esses conhecimentos (projetos, pessoas, processos, tecnologias, serviços e experiências) e valoriza uma evolução continuada e sem fim. É o **Lifelong Learning Experience*** aplicado na prática.

* Podemos entender Lifelong Learning Experience como a busca de conhecimento pessoal/profissional de maneira continuada, voluntária e auto-motivada ao longo da vida de uma pessoa.

Nunca duvide da capacidade de realização de um povo. Só precisamos unir as pessoas por um propósito nobre e com aplicação real, prática e imediata.

P.S. 1

Aos meus mais de 3.200 queridos ex-alunos do curso de formação de analista de processos, uma boa notícia: preparem-se, pois a evolução da sua função já começou e virá acompanhada de um grande reposicionamento organizacional. Está na hora de tratar das experiências organizacionais e dos Clientes. Vocês serão os mensageiros e viabilizadores dessa incrível e positiva mudança. Estaremos juntos nessa jornada!

P.S. 2

Já ouviu os *BPM podcasts*[i]?

P.S. 3

Artigo com muitas palavras em inglês. *Sorry*!

---

[i] http://www.gartcapote.com/podcast.html

O Design de Experiência Organizacional

"Está na hora de entender o Design Organizacional de maneira integrada, interfuncional e interorganizacional. Só assim teremos o olhar necessário para construção de melhores processos digitais, com valorização, engajamento humano e entrega de excepcionais experiências para os Clientes.

A grande (r)evolução humana deste século deveria ser a transformação da nossa capacidade individual empática e da criatividade coletiva para a criação de um mundo melhor."

Finalmente começo a entregar a sequência de artigos sobre a evolução do profissional de gestão e consultoria, conforme prometi anteriormente.

Decidi começar o texto com a citação acima para estabelecer o "clima" do material. É estranho começar citando a si mesmo mas, por falta de outras fontes até o momento, não consegui evitar.

É importante entendermos minimamente o termo *"**Design**"* antes de avançar. Podemos dizer que *design* possui muitos significados dependendo da perspectiva que o trata. Porém, algo bastante comum para várias dessas perspectivas é a compreensão de que o *design **trata da concepção de algo nos*** *níveis de (1) formas e (2) funcionalidades, podendo ser relacionado a produtos, processos, serviços ou experiências.*

Quando falamos que *"está na hora de entender o design organizacional de maneira integrada, interfuncional e interorganizacional"*, estamos clamando para que os profissionais procurem:

1- Compreender o todo

Não é viável continuar com a visão isolada em silos de especialização do trabalho que são perpetuados em organogramas anacrônicos.

2- Compreender as relações do todo

Mais que enxergar além das fronteiras funcionais das áreas, os profissionais precisam considerar o que hoje é chamado de ecossistema empresarial (o antigo "ambiente de negócio"). As relações entre empresas são cada vez mais tecnológicas e dinâmicas, assim como as interações dos Clientes com as organizações.

Sem uma visão clara de como acontecem as relações entre cada um desses elementos (tanto lógica quanto física), é praticamente impossível entender a dinâmica geral de cada cenário de realização (as instâncias de interação do interconectado mercado).

Continuando com a citação inicial, *"Só assim teremos o olhar necessário para construção de melhores processos digitais, com valorização, engajamento humano e entrega de excepcionais experiências para os Clientes."*

Quando começamos a jornada de modernização das organizações com a disciplina e as tecnologias de BPM, por volta de 2003, vínhamos de um cenário tecnológico muito diferente do que temos hoje.

Lembro muito bem das dificuldades que tínhamos na época para fazer integrações entre processos de empresas diferentes, áreas diferentes, tecnologias diferentes e protocolos dos mais variados. Era quase sempre necessário um projeto de *software* bastante demorado e robusto para viabilizar essa demanda. Isso mudou muito.

Os novos BPMS (sistemas para gestão, integração e automatização de processos) são ferramentas maduras e muito mais amigáveis. Hoje, é relativamente simples entender, projetar, implantar e gerir processos organizacionais sem muita codificação, porém, não existe mágica. Algum desenvolvimento será necessário, dependendo da complexidade do cenário.

Ainda sobre os BPMS, a evolução da BPMN, o nascimento da DMN (Notação para Modelagem de Decisões) e de outras maneiras de representar e executar decisões e atividades de processos, contribui grandiosamente para hoje ouvirmos falar em "Processos Digitais". Mas, cuidado, existe uma grande diferença entre (1) digitalizar papel e trabalhos burocráticos e (2) construir e automatizar processos com inteligência, capacidade de decisão e execução. A segunda opção é a que melhor retrata os chamados processos digitais.

Antigamente, lá por volta de 2006-2009, chamávamos essas abordagens tecnológicas para eliminação de intervenção humana na realização do trabalho de "automação/automatização". Atente para o detalhe de que isso não é o mesmo que gestão de documento, digitalização de papel ou outra coisa parecida.

Automatização de processos/processos digitais busca eliminar ou reduzir a necessidade de um ser humano para uma tomada de decisão em processos, bem como reduzir a quantidade de interações não desejadas ao longo da execução (eliminando retrabalho, alçadas, erros, exceções indesejadas etc.).
Sendo assim, e para encerrar este breve e introdutório texto, concluo trazendo mais uma vez um trecho da citação inicial:

"Só assim teremos o olhar necessário para construção de melhores processos digitais, com valorização, engajamento humano e entrega de excepcionais experiências para os Clientes."

Quando reduzirmos/eliminarmos atividades sem valor, seremos capazes de projetar (*design*) atividades com percepção de valor para os colaboradores e para os Clientes.

Enquanto tivermos pessoas trabalhando nas organizações, continuará sendo essencial cuidar da gestão de mudança, da cultura organizacional, da capacidade de engajamento de seus atores por um propósito maior, da sua percepção de benefícios, de diversão etc.

Quando falamos de gamificação (*gamification*), muitos acham que estamos falando apenas da criação de jogos. Isso é uma pequena parte do todo.

Gamificação serve, em seu propósito maior, para construir (*design* novamente) experiências atraentes e que permitam que as pessoas façam coisas de maneira mais interessante, estimulante e divertida. Como dizia Mary Poppins, encontre a diversão e o trabalho termina.

O conceito de diversão anda sempre acompanhado da criatividade e leveza.

Uma organização moderna precisa entender que, neste mundo cada vez mais conectado, desatento, imediatista, ansioso e incerto, como um antídoto inconsciente, as pessoas (Clientes) buscam leveza e facilidade em quase tudo.

A culpa é do Hardware

Uma organização, de qualquer tipo ou tamanho, com ou sem fins lucrativos, é feita primordialmente de processos.

Apesar desse lugar-comum e inquestionável que acabei de citar, uma das maiores causas de problemas nas organizações pelo mundo todo ainda está na falta de consciência, clareza e visão sobre o verdadeiro trabalho que é feito no dia a dia.

Mais ainda, falta a correta percepção sobre todos os ajustes informais e velados que são criados a cada minuto por colaboradores que, para resolver problemas pontuais, criam alternativas individualizadas, isoladas e desconectadas das necessidades e ambições organizacionais.

Hoje, se me perguntarem o que eu quase sempre encontro na gestão das organizações atuais, sem medo de exagerar, diria que ainda é o isolamento.

Permita-me contextualizar um pouco o tema "isolamento":

Quando falo de organizações atuais, estou me referindo a todo e qualquer tipo de negócio. Administração Pública, Iniciativa Privada, ONGs, *Startups* de Tecnologias, Indústrias etc. Obviamente, o isolamento é maior em certos negócios do que em outros mas, invariavelmente, todos padecem diariamente do isolamento funcional.

O isolamento funcional, basicamente, é um fenômeno decorrente da especialização do trabalho na administração tradicional/moderna do século XX e que perdura até o momento com bastante resiliência e força. Quando olhamos para o organograma de organizações que funcionam com um modelo de gestão mais tradicional, imediatamente encontramos a imagem de uma grande "pirâmide hierárquica funcional". Mas como esse isolamento acontece?

Para definir responsabilidades, limites, hierarquias e uma suave e ilusória sensação de governança e governabilidade, é comum que as organizações continuem tratando o trabalho e os colaboradores com o mesmo modelo de pensamento de "comando e controle" – também conhecido como: faça o que é ensinado e na velocidade necessária, pois estaremos observando e, se não tivermos o resultado desejado, alguém será punido.

Esse modelo de pensamento funcionou e ainda funciona em algumas circunstâncias e tipos de trabalhos, porém, estamos vivendo mudanças cada vez mais rápidas na sociedade, mas – aparentemente – o nosso modelo mental não está acompanhando suficientemente a velocidade da mudança.

Se olharmos o nosso *"hardware humano"* (nossa fisiologia milenar), estamos funcionando com um equipamento que sofreu pouquíssimas atualizações nos últimos 100, 200 ou 300 anos. Em contrapartida, a sociedade é completamente diferente de 300 anos atrás. Por que estou falando das mudanças no corpo humano?

Ora, se considerarmos que boa parte do modelo gerencial em funcionamento atualmente é reflexo direto do subconsciente de um cérebro milenar e que, segundo a neurociência, tem pavor de mudanças, adora padrões, é atraído pelo medo e busca a sobrevivência economizando energia a qualquer custo, entenderemos bem o comportamento de muitas organizações com seus gestores e gerenciados num constante frenesi estratégico-operacional.

Sendo assim, quais os tratamentos disponíveis para esse "mal do século"?

Robotização, intervenção, microgerenciamento, buscar ajuda além do planeta Terra?

Nesta pequena série de artigos trarei algumas abordagens interessantes e comprovadamente eficazes na luta contra o isolamento humano e seus nefastos reflexos nas organizações pelo mundo.

Para não finalizar sem mencionar o próximo tema, ou tratamento, vamos considerar algo que já vem sendo utilizado há pelo menos uma década ou duas e em vários países. No próximo artigo falaremos da visão interfuncional (horizontal) do negócio e de seus trabalhos. Tal visão, basicamente, é alcançada quando traçamos uma sequência lógica (ponta a ponta) e mais abrangente entre áreas, atividades, processos, pessoas, tecnologias e outros recursos.

Tudo para poder conseguir identificar, entender, operacionalizar e gerenciar os processos organizacionais de forma integrada e orientada pela entrega de valor para quem realmente importa – os Clientes e suas mais variadas "personas".

Como muitos autores gostam de dizer, e eu também sou um deles:

Alcançar essa visão é tornar líderes e colaboradores capazes de entender o negócio por uma perspectiva mais integrada e muito mais poderosa. É promover a compreensão pela perspectiva do design organizacional.

Quando entendemos o todo, é mais natural e previsível pensar e criar a evolução das partes envolvidas.

Processos Funcionais e a visão de Design

*Como falei no artigo anterior (**A Culpa é do Hardware**), agora vamos começar a tratar dos processos interfuncionais e da visão de design.*

Sem querer ficar citando fontes a todo o momento e transformar o artigo em uma tese, mas apenas trazendo à tona uma referência importante para o tema e para a comunidade de profissionais da área, trago aqui uma definição de processos interfuncionais que pode ajudar o leitor no seu aprendizado sobre Gestão por Processos.

Segundo o BPM CBOK da ABPMP Internacional, que é o conjunto de conhecimentos comuns sobre Gerenciamento de Processos de Negócio, podemos considerar que processos interfuncionais são, por definição, processos de negócio.

Ainda de acordo com o BPM CBOK, temos 3 tipos de processos de negócio: os primários, os de suporte e os de gestão.

Os três tipos são formados por processos que se conectam a outros processos por uma lógica de realização específica. Ou seja, mesmo que operacionalmente funcionem de maneira isolada e, aparentemente independentes, todos se orientam por objetivos organizacionais e não apenas operacionais e funcionais.

Sendo assim, quando falamos de processos de negócio primários, estamos falando de uma sequência lógica entre processos funcionais que — uma vez entendidos de maneira interfuncional (horizontal) — alinham-se operacionalmente para entregar valor diretamente para os Clientes da organização. O mesmo ocorre com os processos de negócio de suporte, que devem entregar valor para os processos de negócio primários permitindo o funcionamento adequado.

Sendo que os processos de negócio de gestão serão alinhados para permitir a gestão dos outros dois tipos de maneira interfuncional e orientados pelas capacidades e ambições organizacionais, finalmente, abastecendo e orientando a estratégia organizacional com informações relevantes para uma tomada de decisão cada vez melhor e mais refinada.

Bom, com esses conceitos fundamentais mencionados, podemos avançar para a visão de design.

Começando bem do início, é muito comum existir e encontrar certa "liberdade poética" no uso do termo *design*. Isso é um fenômeno bastante comum que acontece de tempos em tempos. Uma palavra ou expressão cai no gosto do público e começa a ser utilizada a todo o momento, tal como já vivemos com "quebrar paradigma", "vestir a camisa", "ser disruptivo" e tantas outras. Acontece que design também está vivendo seus dias de euforia etimológica.

Podemos considerar que, independentemente da especificidade de método ou abordagem, tal como *Design Thinking, Process Design, Product Design* etc., no final das contas, *design* busca alcançar uma visão mais holística e completa para entender o todo e o resultado alcançado pelo conjunto de especialidades - *i.e.* um produto, um serviço, um processo, um projeto etc.

Ou seja, quando falo sobre processos interfuncionais (processos de negócio) e a visão de design, estou falando de união positiva, íntima e quase simbiótica entre esses elementos e com abordagens extremamente poderosas e complementares.

Para muitos profissionais de Gestão por Processos, falar de *design de processos* é orientar a abordagem para a construção de melhores processos (equivalente à fase de "*to be*"). Porém, cabe uma provocação aqui: não deveríamos igualmente considerar a busca da identificação dos problemas de *design* dos processos defeituosos (equivalente a fase de "*As Is*")?

Ora, na busca da identificação do *design* atual, descobriremos o quão defeituoso é o processo, serviço, produto ou experiência e, assim, trabalharemos no desenvolvimento do novo e melhorado *design*. Se considerarmos uma abordagem de processos com foco em *design*, tal provocação faz todo sentido.

Se mantivermos nosso foco apontado para a "verdade" da administração mais tradicional, falar de *design* em processos vigentes e defeituosos pode soar como heresia aos dogmas inquestionáveis de outrora.

Lembra da *buzzword* "quebrar paradigmas"?

Se estamos lutando para avançar e evoluir com a velocidade que o século XXI nos demanda, devemos, também, nos permitir trocar uma série de conceitos e certezas que nos eram oferecidos e entendidos como verdades vigentes irrefutáveis.

Essas mesmas "verdades vigentes irrefutáveis" são a própria definição de um paradigma.

Se uma organização não consegue ter seus processos representados, executados e monitorados de forma dinâmica, ágil e integrada, como pretende atravessar essa década de tão contundentes mudanças no ecossistema de negócios?

Dedicar tempo e recurso organizacional para apagar incêndios e tapar buracos operacionais diários é o mesmo que investir em rolhas e remendos para continuar navegando em uma embarcação com o casco seriamente avariado, por um oceano turbulento, com a tripulação cada vez mais desesperada e observando o infrutífero resultado de seus esforços.

Enquanto isso, na cabine de comando, o capitão e seus imediatos continuam planejando a conquista de novos oceanos e territórios...

Não apenas os líderes organizacionais, mas todos os profissionais precisam entender o "porquê" das coisas – o propósito organizacional. Além disso, uma visão integrada da "máquina" chamada negócio não é privilégio ou responsabilidade apenas de poucos, mas uma necessidade de muitos. **A inovação não nasce em mentes isoladas**.

Criatividade precisa de abastecimento constante de informação variada para funcionar. Quanto maior o envolvimento e a visão sobre o todo, mais insumos para ideias nosso cérebro receberá.

A visão interfuncional é, talvez, o maior repositório de conhecimento direcionador de inovação. Aliás, gosto de pensar em inovação como "a criatividade aplicada na geração de negócios sustentáveis e honestos."

E se, com o conhecimento adquirido com a visão interfuncional de processos pela perspectiva de *design*, pudéssemos criar meios de envolver as pessoas para fazer o que deve ser feito, mas, ao mesmo tempo, que esse novo trabalho fosse feito sem o sentimento de ser um "fardo"?

Será que nossos serviços, produtos, processos e experiências seriam mais eficazes e atraentes para nossos Clientes?
Esse é o tema do próximo artigo.

Como podemos utilizar certos elementos encontrados em jogos e outras abordagens semelhantes para criar novas e melhores experiências para todos nós colaboradores, Clientes, fornecedores, sociedade etc.

Encontre a diversão e o trabalho vira um jogo.

Com esse trecho de uma música da personagem **Mary Poppins***, começaremos a explorar o tema gamificação.*

É bem verdade que certos trabalhos parecem mais um tipo de castigo do que qualquer coisa próxima de "diversão". Porém, não se engane. Conforme já vimos, provavelmente, a culpa desse trabalho ser intragável e nada divertido não vem da natureza do trabalho, mas sim de seu *design*.

É incrível a quantidade de coisas chatas que somos obrigados a enfrentar no dia a dia.

Pense aí com os seus botões: resolver algum problema ligando para uma central de atendimento (dá até medo de pensar), pagar contas no banco, o trânsito, colocar o lixo para fora, pagar os impostos, declarar a renda anualmente, renovar documentos e a lista continua quase que sem fim.

Você pode estar pensando: mas como fazer com que "pagar impostos" seja divertido?

Ok, concordo que existe um componente emocional complicado nesse exemplo, mas, mesmo assim, ainda é possível se tornar algo menos enfadonho e repetitivo – no mínimo.

Quando estudamos os conceitos existentes no mundo da gamificação, percebemos que temos muitos elementos e formas de construir atividades que levam a experiências mais agradáveis, ou, no mínimo, menos desagradáveis.

Não será neste artigo que vamos explorar em detalhes essas abordagens, mas gostaria de compartilhar alguns elementos e exemplos que podem nos inspirar a construir um mundo menos enfadonho em certas áreas. Lembre-se, se a fila está chata, *o problema não é a fila*, mas o seu *design* como um todo...

Começando do início, podemos entender a gamificação de "coisas" como a utilização pensada (o *design*) de vários elementos existentes em jogos para a criação de experiências mais interessantes e, por isso, mais engajadoras e relevantes para as pessoas.

Sim, gamificação só faz sentido para tratar de atividades que envolvam seres humanos. Parece que as máquinas ainda não se preocupam tanto com o nosso conceito de diversão... Por enquanto.

Muitos se limitam a pensar em gamificação como a adição de pontos, distintivos e painéis de pontuação (*PBL – Points, Badges and Leaderboards*). Porém, uma boa gamificação utiliza muitos outros elementos existentes em jogos.

Não basta usar *PBL*, é preciso considerar os direcionadores que importam para os Clientes e por tipo de Cliente. De acordo com muitas pesquisas até hoje, e os aplicativos de celulares e as redes sociais não as deixam mentir, parece que o ser humano é aficionado por jogos dos mais variados tipos: eletrônicos, *puzzles*, enigmas, aventura, jogos de poder, sociais etc.

Sendo assim, por que não utilizar essa atração natural por disputa, conquista, relevância, entretenimento e superação, e construir experiências que levem a interação entre organizações e pessoas para outro patamar – o patamar do engajamento voluntário?

Fazer com que as pessoas façam as coisas, da maneira como o design estabeleceu previamente, mas que seja divertido e que gere engajamento. Esse é um dos grandes objetivos da gamificação.

Os profissionais que se envolvem com marketing de relacionamento, entendimento de mercado e foco do Cliente, sabem muito bem do poder que um engajamento voluntário e bem desenvolvido tem na relação organização-Cliente.

Existem *frameworks* livres e complementares sobre alguns elementos de gamificação que devemos considerar ao pensar em criar engajamento. Apenas para ilustrar, selecionei três bastante interessantes e que complementam muito as abordagens tradicionais com PBLs.

1 – Significância

Qual a significância de tal ação?

Será que o "jogador" vai perceber a grandeza ou utilidade da ação? Uma ação com baixa capacidade de transmitir o "propósito maior" existente por trás da atividade, provavelmente, terá pouco engajamento.

Doação de alimentos e de sangue. Redução de acidentes, de desperdícios, poluentes etc. Qual seria a relevância desse propósito para o meu público-alvo? Essa é uma pergunta bastante interessante ao pensar nesse elemento da gamificação.

2- Evolução

Estou evoluindo?

Essa é uma pergunta constante na cabeça de todo jogador. E é bastante natural. Afinal, é uma questão cerebral...

Novamente, a neurociência justifica mais essa abordagem como bastante relevante. Uma das grandes fontes de prazer para o ser humano (em geral) é a sensação de progresso. Pequenos avanços diários, aparentemente, são mais prazerosos do que conquistas maiores, porém, muito esporádicas.

3- Sociedade

Qual o resultado direto dessa ação em minha comunidade?

Sim, as pessoas ainda se preocupam com as outras pessoas. Pode parecer que não, afinal, nos jornais e meios de comunicação como um todo, só ouvimos falar de coisas negativas a todo o momento. Porém, as notícias não equivalem realmente a nossa "humanidade".

O problema está, novamente, no nosso cérebro, que por questões de sobrevivência e evolução ainda é muito atraído por qualquer tipo de perigo – conhecido como sequestro da amígdala cerebral... e os jornais sabem disso.

Uma notícia assustadora e com grande potencial de perigo, para o nosso cérebro, é sempre muito mais interessante que algo neutro ou positivo. Afinal, o coitado do cérebro ainda está ocupado tentando fazer com que continuemos vivos e nenhum tigre-de-dentes-de-sabre nos faça de almoço!

Ou seja, investir em ações capazes de demonstrar que ainda temos empatia com o próximo, apesar de não parecer, é sempre uma estratégia poderosa e com grande capacidade de engajamento.

Como viabilizar essas abordagens em nossos processos diários? Esse é o nosso desafio!

Considerando tudo o que foi dito até agora, acredito que esteja ficando cada vez mais evidente a importância da integração entre a visão interfuncional de processos, o entendimento do todo com foco no resultado por Clientes (o *design*) e que, finalmente, alguns elementos de jogos podem nos ajudar a construir melhores relações sociais. Porém, apesar de todo esse esforço, não podemos ignorar como o nosso cérebro, muitas vezes por dia, ainda nos leva a agir de maneira anacrônica e até indesejada.

Para finalizar esta sequência de artigos, este será o nosso próximo tema: **bloqueios humanos**.

Bloqueios humanos

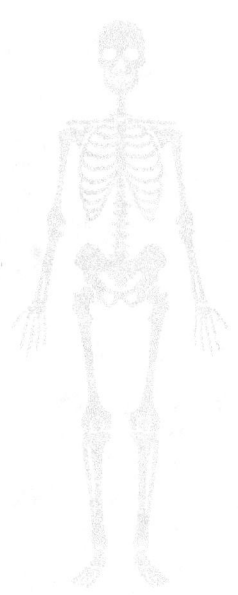

Nos artigos anteriores vimos uma série de elementos relacionados à modernização das organizações para o cenário mundial no século XXI. Obviamente, não esgotamos o tema, mas fizemos um sobrevoo sobre alguns marcos importantes desse processo evolutivo.

Para finalizar essa sequência, quero trazer outro elemento que amadurece a cada dia na mente de muitas lideranças de pensamento pelo mundo.

É o que chamamos "amigavelmente" de NeuroSDM, em que S é para *Science* (ciência), D para *Design* e M para *Marketing*.

Porém, antes de avançar nesse ponto, preciso reforçar outros igualmente relevantes.

1- Isolamento por processos internos

Infelizmente, é muito mais comum do que gostaríamos, mas ainda encontramos organizações completamente isoladas em feudos e silos operacionais.

O isolamento por vezes é tão grande que nem os líderes entendem mais a lógica do "todo" e lutam para se manter em suas funções de controle e comando. Quando ouvimos pessoas falando que o futuro é das organizações mais ágeis e não exatamente das maiores e mais poderosas, ouvimos obviedades causadas por esse isolamento. É praticamente impossível uma organização se manter competitiva sendo ela mesma o seu maior rival e algoz. É a entropia organizacional presente na prática diária.

Portanto, busque – imediatamente – alcançar a visão interfuncional da organização. A melhoria funcional isolada nunca foi a melhor alternativa e não será agora o seu momento de apogeu.

2- Decisões orientadas pela dor

Outro sintoma do isolamento funcional enraizado na organização. Gestores e lideranças que, no topo de seu silo funcional, orientam decisões e ações com base em sua própria dor ou incapacidade de alcançar os resultados projetados.

Normalmente, não é exatamente um caso de má vontade do gestor, ele apenas está sendo "humano".

O medo toma conta e seu subconsciente faz o resto. Não precisa explicar muito. Todos já convivemos com pessoas com certas respostas prontas na ponta da língua. Coisas parecidas com:

"Não vamos perder tempo analisando! Já sei qual é a solução." *ou "Não temos tempo a perder com diagnóstico. Eu quero resultados!"*

Quando escuto essas frases, penso que estou diante de duas possibilidades:

- a pessoa está traumatizada por iniciativas anteriores que não deram resultados;
- a pessoa não sabe do que está falando. É apenas a dor gritando.

Sem medo de errar, posso dizer e afirmar: uma pessoa que se recusa a aceitar um diagnóstico preciso para depois definir um tratamento, não está sendo razoável.

Se você levar essa mesma situação para a saúde pessoal de quem disse isso, tenho certeza de que ela vai achar interessante fazer alguns exames. Porém, não saia culpando o outro, existe uma grande chance de sermos nós os culpados.

3- Oceano de documentos

Quantas organizações não estão, neste exato momento, afundando e se afogando em um oceano de documentação sobre cada atividade dos processos... porém, nada disso é utilizado para tomar decisões. Lembra do gestor que não quer saber de diagnóstico? Então, ele pode ter sido vítima desse oceano de documentos sem fim e/ou utilidade organizacional. Ele pode ser um náufrago.

Será que ele já não patrocinou projetos de levantamento e modelagem de processos durante meses/anos, e tudo que esses projetos entregavam eram documentos, papéis, *books* de processos, diagramas lotados de caixinhas coloridas e setinhas para todos os lados. E quando ele perguntava o que seria feito de útil com aquilo, um diagrama colorido era tudo que ele recebia por resposta. Frustrante.

Sendo assim, antes de atirar uma pedrinha ou um paralelepípedo em seu gestor por "não gostar de processos" ou "não entender o valor de processos", pergunte a si mesmo – lá no fundo do seu coração:

Você estava produzindo informação relevante para a tomada de decisão, ou estava diagramando processos e produzindo documentos que ninguém vai ler depois?

São coisas muito diferentes. Pode acreditar!

Finalmente, e para encerrar a sequência de artigos, vamos falar um pouco sobre essa linha de ação que considera a neurociência como base para o *design* organizacional[i] e até ações de marketing de relacionamento – a NeuroSDM. Ainda estamos desenvolvendo o BoK – Body of Knowledge (conjunto de conhecimentos comuns para o *design* organizacional) que, dentre outros temas, tratará da NeuroSDM.

Basicamente, quando falamos de considerar a neurociência, estamos simplesmente dizendo que, na hora de projetar melhorias em processos, produtos, serviços e experiências dos Clientes, precisamos considerar a estrutura cerebral dos seres humanos e seus comportamentos associados. É incrível perceber o pouco ou nada que conhecemos sobre nós mesmos, e como tentamos "acertar" na hora de oferecer produtos e serviços para o nosso público.

Com a visão interfuncional dos processos, adquiro a capacidade de entender as relações entre os trabalhos no caminho para alcançar os objetivos organizacionais. Ao considerar a perspectiva de *design*, o resultado do todo caracteriza a eficácia e a relevância do que estamos fazendo. Ao tentar adicionar significância, percepção de evolução e empatia com o próximo – a sociedade – estamos eliminado restrições e promovendo engajamento "gamificado" e benéfico para todos

---

[i] www.bxd-ia.org/

nessa relação. Porém, tudo isso é muito difícil de se alcançar sem trabalhar o conhecimento mais importante de todos: entender a si mesmo e o próximo. Afinal de contas, se estamos falando de negócios, estamos falando de pessoas, não de coisas e tecnologias.

A tecnologia está à nossa disposição, pronta para nos ajudar a construir melhores negócios. Negócios gerenciados com consideração humana. Negócios capazes de entregar melhores experiências para a sociedade com base no foco dos Clientes e na percepção do todo. Podemos dizer que, talvez, um dos maiores desafios desta década não seja exatamente disputar mercado com startups disruptivas ou a substituição de trabalhos por inteligência artificial e robótica.

Talvez, nosso maior desafio seja o desbloqueio criativo por meio do desenvolvimento pessoal.

Inversamente proporcional ao que os *apps* e as redes sociais, cheias de vazio, nos proporcionam diariamente, esse desbloqueio será capaz de nos aproximar novamente, criar uma nova fase de empatia e construir jornadas individuais humanizadas e mais divertidas.

Afinal, se a tecnologia está aí para nos ajudar a eliminar trabalhos enfadonhos, socialmente, precisaremos reaprender a utilizar o nosso tempo livre.

Fuja do Fluxograma!

Como as empresas e os profissionais estão sendo enganados pelos fluxogramas?

Não vou tentar resumir o conteúdo do livro "Fuja do Fluxograma" em um artigo, mas vou explicar um pouco a ideia. Sabe aquele fluxograma que documenta "lindamente" as coisas que acontecem em um processo organizacional?

Provavelmente, esse mesmo fluxograma está totalmente errado e mentindo descaradamente para você e para a organização. É verdade!

As lideranças organizacionais estão cansadas de receber diagramas repletos de fluxos de atividades, regiamente modelados, coloridos, misturados com lógica decisória, regras de negócio espalhadas em várias partes, "perguntinhas" em decisões com lógica booleana e um monte de outros elementos que nada lembram a realidade operacional e sua capacidade... Sim, é isso mesmo.
O início do processo, sempre começando com um evento de início... o fim do processo sempre representado por um evento de fim. O término de um trabalho qualquer é conectado por sequência em outra atividade, que ao terminar é conectada em

outra e assim por diante, até encontrar o almejado e exclusivo "evento final". A coisa ainda fica pior! Entre uma atividade humana e outra, e com participantes diferentes, ainda se coloca um evento intermediário de tempo para representar um prazo ou qualquer outra "pausa" no trabalho... A liberdade criativa não tem fim! Só tenho uma coisa a dizer sobre esse tipo de representação. Isso não serve para produzir informação relevante para a tomada de decisão.

Esse tipo de abordagem, no máximo, ajuda a "explicar" os grandes passos lógicos de um processo. Nada mais. Sabe o motivo? Esse mesmo fluxograma é a representação de uma lógica qualquer, mas em nada se aproxima da terrível e velada realidade organizacional. Os processos estão sendo representados dessa forma por décadas. Já está na hora de avançar.

Um dos grandes avanços que qualquer organização pode alcançar é simples e está disponível já. Seu nome é "Modelagem da Verdade".

Não precisa comprar *software*, nem equipamento, nada mesmo. Basta aplicar os conceitos e princípios e você será capaz de representar os processos como eles realmente funcionam.

Chega de ficar fluxogramando lógica ilusória de realização.

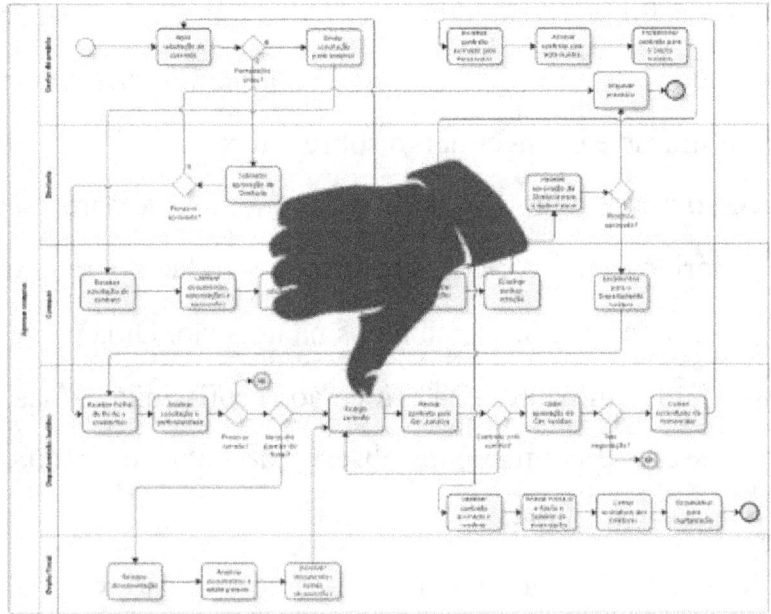

Exemplo disponível em MauricioBitencourt.com

Precisamos descobrir e evidenciar as desconexões, as diversas e implacáveis interrupções, a falta de fluidez nos trabalhos, a confusão que existe sempre quando se precisa tomar uma decisão, a quebra de informações, as centenas de atividades que ficam verificando se o que precisava ser feito foi realmente feito, os malditos e infinitos níveis de alçada de aprovação e seus milhares de "cientes" ao longo do caminho.

Isso precisa terminar. Quando você olha para um fluxograma buscando identificar a origem de problemas, certamente, terá dificuldade em encontrá-las.

Afinal, o tal fluxograma nada mais é que uma linda e elaborada lógica modelada por profissionais buscando evidenciar seu poder de síntese e conhecimento sobre o tema.

O processo real, muito provavelmente, em nada se parece com o belo, colorido e alegórico fluxograma produzido e entregue pelos profissionais mais capacitados na notação. Uma pena.

Entenda. Isto aqui não é uma crítica aos profissionais, mas, sim, uma necessária e contundente observação sobre o produto que entregamos no dia a dia.

Quando você reclamar que na sua empresa não valorizam o trabalho dos profissionais de processos, pare um pouco e reflita:

Vocês estão entregando informações relevantes para a tomada de decisões e oportunidades de melhorias, ou estão apenas gerando documentação infinita sobre essa dimensão irreal/ surreal de processos fluxogramados e ilusórios?

Quando é que os fluxogramas nos enganam?

Sempre que eles representam a lógica e não a verdade operacional.

Capacidade, tempo, custo, experiência do Cliente, qualidade, nada disso vive na dimensão da lógica. A realidade é cruel e precisa ser considerada.

Enquanto buscarmos na ilusão dos fluxogramas a representação da verdade, estaremos, cruelmente, enganando-nos e enganando as nossas organizações.

Nunca mais seja enganado pelos fluxogramas!
Quando vejo um fluxograma, preciso perguntar:

Qual o seu objetivo?

Se o objetivo é representar uma **lógica de realização**, apenas informativa e para extrair algum conhecimento de colaboradores e sistemas, ok, até tem alguma utilidade. Pouca, mas tem. Como alguns diriam, é melhor do que nada.

Se o objetivo é representar um processo para torná-lo o padrão de trabalho, e pior ainda, utilizar essa representação como **orientação gerencial em avaliações**, aí não tem jeito.

Desculpe a sinceridade, mas essa não é a melhor opção. Não é neste artigo que vou te ensinar a utilizar BPMN além da visão "fluxograma". Fluxograma é um estilo de modelagem e muito utilizado para representar lógica. BPMN é muito mais poderoso que isso.

A ideia não é julgar o estilo fluxograma e culpá-lo por todo o péssimo resultado nas organizações atuais. Não é isso.

O livro Fuja do Fluxograma, e não esse breve texto, vai mostrar como avançar para o século XXI na sua modelagem de processos e utilizar BPMN sem que toda e qualquer representação de processos continue igual a tudo que já foi feito anteriormente, inclusive pintando células de planilhas, modelando em powerpoint, em Visio e outras ferramentas que hoje são totalmente anacrônicas.

"Fluxogramar" é uma forma de representar processos seguindo/segundo uma lógica de realização que, normalmente, não representa a realidade operacional. Esse é o problema. Não adianta tapar o sol com a peneira. Essa é a verdade. Basta visitar uma organização e você encontra essa abordagem/estilo como a dominante.

P.S.
O livro "Fuja do Fluxograma" foi lançado em dezembro de 2017 e está sendo traduzido para lançamento internacional no idioma inglês. Veja outros detalhes em www.GartCapote.com

BPM Ágil. Isso NÃO Existe!

Quando digo que "BPM Ágil" NÃO existe, tenho dois bons motivos. Vou apresentá-los aqui.

1- BPM é uma disciplina de Gestão

Qualquer pessoa que já tenha lido o BPM CBOK, ou qualquer um dos meus cinco livros, sabe muito bem disso. Desde Peter Fingar e Howard Smith que estamos trabalhando para desenvolver o tema Gestão por Processos e aprimorar princípios, conceitos, métodos, tecnologias e técnicas que permitam, simplesmente, promover uma compreensão holística da dinâmica organizacional, buscando diminuir lacunas entre funções, tecnologias, trabalhos, orientação, execução, medições e estratégias.

Fazer com que essa visão interfuncional-integrada aconteça e, mais ainda, se torne um vetor de orientação da gestão organizacional, não é trabalho simples, fácil ou rápido. Afinal, toda essa mudança depende de um elemento muito mais lento que a nossa vontade de ver as coisas acontecendo.Esse elemento está inserido em cada trincheira organizacional e é responsável por permitir ou não a mudança. Estou falando do ser humano.

Quando falamos de BPM, estamos falando de mudança de cultura organizacional.

Se a cultura não permite, o gestor não entende e o executor não faz.

Nas muitas dezenas de projetos que participei e conheci, nas organizações que conseguiram implantar a Gestão por Processos, todas tinham um elemento em comum: investiam na mudança cultural antes, durante e depois da mudança operacional e gerencial.

Da alta administração até a operação, todos eram sensibilizados e apoiados para que as mudanças tivessem capacidade real de se tornar o novo *modus operandi*.

BPM não é um esforço funcional, operacional, isolado e orientado para desenvolvimento de *software*, aplicações e digitalização de trabalhos. Fazer essas mudanças operacionais orientadas pela dor funcional é continuar fazendo a antiga melhoria de processos funcionais.

BPM é sobre processos interfuncionais, organizacionais, o ponta a ponta. Não existe BPM quando só uma área ou outra está envolvida nas ações. Processos de Negócio são processos interfuncionais e com impacto organizacional - inclusive na experiência dos Clientes.

BPM é uma mudança completa e complexa no design organizacional.

BPM deve e pode alterar a cadeia de valor, a forma de medição, os indicadores, as funções, os riscos, os trabalhos, o uso da tecnologia, os comportamentos etc.

Sinceramente. Isso parece algo rápido/ágil de ser feito?

2- Ciclo de Vida é parte do Método

Como disse no primeiro ponto, BPM é uma disciplina de gestão. <u>Não é método, tecnologia ou notação.</u>

Quando alguém diz que faz ou vai fazer "BPM Ágil", eu até entendo a intenção, mas não concordo com a forma e o uso. Vou explicar.

Podemos, rapidamente, sair da etapa de entendimento inicial de um problema em um processo (funcional) e projetar melhorias e transformações com uso de automatização em ferramentas mais adequadas (BPMS). Toda essa agilidade entre etapas/ações de um ciclo de vida, é <u>característica herdada e aprimorada</u> das abordagens mais modernas para projeto, desenvolvimento e entrega de *software*. Os ciclos iterativos, interativos, mais curtos e ágeis existem desde os primórdios do RUP (*Rational Unified Process*) e geraram muitos filhos desde 2000. Porém, novamente, estamos falando de métodos ágeis para desenvolvimento de *software*, e não de capacitação de pessoas, *design* de organizações, mudança cultural, resistências, medos, leis, gestão etc.

O que pode e deve ser ágil é o ciclo de vida que orienta a realização dos projetos/trabalhos.

BPM não é ciclo de vida. Ciclo de vida está contido em métodos. BPM não é método.

Resumindo a ópera, vou explicar o motivo pelo qual não concordo com esse esforço cíclico de inserir palavras da moda para dar uma "revitalizada" nos temas com algum tempo de estrada.

Quando as pessoas falam em "BPM Ágil" estão, mesmo que sem querer, corrompendo os conceitos, os princípios e o próprio objetivo da disciplina. Isso acontece desde o início, lá em 2003. Por isso mesmo, me cansam bastante a vista e os ouvidos toda a "modernização" exacerbada desse tão singelo acrônimo. BPM é BPM e pronto.

Já vi consultores e consultorias vendendo BPM como tecnologia de automatização e digitalização de trabalho, o que é apenas uma pequena parte do todo. Já trataram BPM como sinônimo de Qualidade Total e muitos outros desvios da ideia original.

*Sendo assim, se você precisa vender a ideia de **agilidade em projetos de melhoria de processos**, diga exatamente isso. Não precisa inventar outro nome para continuar parecendo atual no mercado.*

Seja direto e verdadeiro com seus colegas e Clientes. Não enfeite o pavão, ele já é bonito como está. <u>Sei que você não faz isso</u>, mas eu ouvi dizer que alguém que o meu primo conhece, tem uma tia, e ela falou que o afilhado da nora que mora pertinho de Sapopemba ouviu dizer...

Projetos com abordagem ágil existem em entregas de melhorias funcionais.

Melhorias funcionais, apenas, não são o foco da disciplina de BPM. Mudar uma organização como um todo (foco da disciplina de BPM) não é um projeto ágil, mas **<u>uma jornada de maturidade</u>**. Demanda envolvimento das lideranças, capacitação das pessoas, compartilhamento e atribuição de responsabilidades, visão coesa e comum, engajamento das pessoas e, principalmente, **muita ousadia**.

Isso **leva tempo, é saudável e prudente** que seja assim.

Com BPM (a disciplina) estamos tratando, no final das contas, de **mudar o entendimento individual e coletivo**. Ágil isso? Ágil é ciclo de vida.

Minhas considerações finais:

No espectro de trabalho com BPM, as mudanças começam na cultura, nas concepções iniciais, nos próprios paradigmas – que são as certezas vigentes nas pessoas.

Quando falei de "Fuja do Fluxograma", incomodei muitos paradigmas e modelos mentais mais fixos. Tudo bem. Alguém precisa se expor e falar. O mesmo resultado pode acontecer com este breve artigo. Ok. Estou preparado.

"Joguem-no aos leões!" – diriam os romanos.
Hoje em dia, diriam: "Joguem-no aos *haters*!"

Brincadeiras à parte, espero ter ajudado no seu entendimento. Não é uma questão de certo ou errado. Aqui não é um julgamento, apenas um compartilhamento de visão, entendimento e postura. Precisamos tratar com a seriedade necessária esse tema que é tão importante para as organizações de todo o mundo.

Não precisamos dar "*Revamp*"* em BPM.

Precisamos praticá-lo!

Espero que seu coração tenha se alegrado com esse artigo.

* Revamp: o equivalente a melhorar a aparência de algo. Uma melhoria "cosmética" apenas.

Entrevista

Revista Gestão Pública - PE - 2017

Entre os principais assuntos abordados na entrevista está a modernização do serviço público por meio do uso do Gerenciamento de Processos de Negócios. Para Capote este é um dos caminhos que podem levar à eliminação ou pelo menos à redução da burocracia nos serviços públicos. O foco no Cliente – no caso do poder público, a sociedade – também é discutido nesta conversa que tratou ainda de temas como o conformismo na gestão pública, a mudança de mentalidade das pessoas em relação ao serviço público, entre outros temas relevantes para quem pensa na modernização e no aperfeiçoamento do setor público brasileiro.

Por que uma organização deveria investir em Gerenciamento de Processos (BPM)?

Gerenciar processos de negócio é entender a organização por inteiro, de maneira interligada e, assim, orientar e coordenar os trabalhos para a verdadeira entrega de valor para os Clientes/cidadãos. Quando uma organização entende seus processos de negócio ela extrapola a compreensão funcional isolada das áreas e gerências. Para a disciplina de Gerenciamento de Processos de

Negócio (BPM), a eficácia dos processos está diretamente relacionada à capacidade de entregar o que é importante para o Cliente/cidadão.

Sendo assim, toda organização, pública ou privada, deve investir na melhor compreensão dos trabalhos e de suas capacidades. Só assim sairemos do nocivo ciclo de sempre "entregar apenas o que é possível".

O Cliente/cidadão merece muito mais e a sociedade está cada vez mais consciente e mobilizada em relação aos seus direitos e valores. Um país justo, entre outras coisas, é um lugar onde os serviços públicos funcionam e não precisam de substitutos privados. O Brasil precisa avançar muito nesse quesito.

Em um de seus artigos, você fez a seguinte afirmativa: "Porém, em nosso país, apesar de experimentarmos a modernidade e a evolução em muitas frentes, continuamos com alguns 'pequenos detalhes' estacionados nos séculos XIX e XX.

Nosso serviço público continua precisando de muito esforço para melhorar e, um dia, tornar-se algo minimamente aceitável". Qual contribuição o Gerenciamento de Processos de Negócio poderia dar para alavancar essa transformação?

As contribuições são poderosas e variadas. Apenas para elencar algumas bastante impactantes, podemos considerar duas: uma delas é a eliminação de burocracia. Não estou dizendo "digitalização" de burocracia. Uma coisa é entender o que é importante e útil de ser feito nos processos e entregar valor. Outra coisa é manter a burocracia sem valor, mas levada para o meio digital. A visão de processos ponta a ponta (processos de negócio) é muito importante para evidenciar quais são as etapas e atividades que ajudam ou atrapalham no alcance dos resultados desejados. A segunda contribuição seria fazer mais com menos ou mais com o mesmo. Pode parecer jargão ou lugar-comum falar em fazer mais com menos ou mesmo. Porém, o entendimento dos processos de negócio é o primeiro passo para viabilizar o correto entendimento sobre a utilização dos recursos. Sem ter uma visão completa e objetiva sobre os trabalhos, é muito comum e até previsível ouvir gestores dizendo que "não possuem" os recursos necessários para fazer as coisas acontecerem. Uma coisa a minha experiência na área me ensinou. Sempre duvide da falta de recursos. Normalmente, os recursos estão pessimamente alocados em trabalhos enfadonhos, demorados e sem valor. Quando utilizamos os recursos existentes para fazer o que importa, conseguimos fazer mais com o mesmo e até com menos. Simples assim.

O foco no Cliente pode ser considerado um dos pilares para a melhoria dos processos?

Existem duas grandes perspectivas. O foco no Cliente e o foco do Cliente. Ter o foco no Cliente é, com a visão de dentro para fora da organização, cuidar dos processos internos com alguma orientação para a entrega de valor "prometido" para o Cliente. Por outro lado, ter o foco do Cliente é uma mudança completa no jogo. O foco do Cliente, entre outras importantes mudanças, é alcançado quando a organização se preocupa com a experiência do Cliente. Ou seja, com o que está acontecendo na vida das pessoas – seus Clientes. A experiência com o foco do Cliente é projetada utilizando o conceito de jornada do Cliente, onde "personas" (a melhor definição de características dos Clientes) são estudadas, entendidas e definidas.

Com a criação empática dessas personas, a organização tenta definir quais são os problemas, desejos e necessidades desse grupo específico de Clientes e, com esse direcionamento, projeta a melhor experiência possível para tal grupo. É uma mudança radical de posicionamento de valor. O foco do Cliente resgata o lado humano das relações e promove um novo pensar sobre a missão organizacional.

Respondendo objetivamente, diria que sim, que o foco no Cliente é um pilar da melhoria contínua de processos organizacionais. Porém, o foco do Cliente é principal e mais impactante vetor estratégico para a transformação de organizações, processos, produtos, serviços e experiências.

Esse é o vetor estratégico do século XXI.

Como é possível entender e aprender melhor sobre o cidadão e conseguir criar melhores produtos e serviços para a sociedade como um todo?

Conforme comentei na pergunta anterior, tudo começa pela definição de personas. Ou seja, sem refinar o nosso entendimento sobre os Clientes/cidadãos, tendemos a generalizar de maneira bastante equivocada e entregar experiências igualmente medíocres para todos. A sociedade não é uma coisa só.

Por mais óbvia que pareça essa frase, em nosso dia a dia percebemos como agimos de maneira oposta a essa compreensão e tratamos como se todos fossem iguais. Não somos.

Igualdade é apenas um conceito. Na prática, todos queremos ser identificados, diferenciados e tratados com a devida "personalização". É uma questão cerebral e social que mantém esse "viés" de comportamento.

Cada persona tem percepções diferentes sobre as coisas. Mudam valor, significância, interesse, mudam problemas, desejos, medos... O segredo é conseguir definir personas capazes de redirecionar nossos esforços para entrega de melhores experiências. Isso vale para praticamente tudo. Serviço de saúde, educação, transporte etc.

Para entender o cidadão é preciso entender o ser humano e suas "jornadas" diárias. Esse é o primeiro passo. Se queremos entregar melhores serviços e produtos precisaremos começar com uma pergunta curta e difícil: Quem é o Cliente? Quando conseguirmos explicar quem é o Cliente, retratar sua jornada diária, suas dores e seus desejos, estaremos um pouco mais próximos do produto ou serviço que interessa.

Quando estudamos sobre foco do Cliente e temas relacionados percebemos algo bastante curioso: a dificuldade que temos para entender outro ser humano. Somos seres curiosos. Em 2014 criei um método simplificado que utiliza cinco passos estruturados para entendimento do Cliente e construção de jornadas com experiências positivas. Acredito que em 2018 esse meu novo livro já esteja disponível no Brasil. Enquanto o livro não fica pronto, aconselho o estudo de *outside-in, design thinking* e jornada de Cliente para começar a sua própria jornada empática.

Até que ponto a Gestão por Processos nas organizações públicas está vinculada a uma mudança cultural ou de mentalidade?

100%.

Acho que essa seria a resposta mais objetiva possível.

Não é possível mudar a forma de entender um negócio sem que haja mudança cultural e de mentalidade. A mudança cultural é possível de ser viabilizada por meio de capacitação e envolvimento de todos. Porém, a mudança de mentalidade é um pouco mais delicada de se promover. Um paradigma nada mais é que uma série de coisas que alguém acredita equivaler a uma verdade. Para mudar paradigmas, e a gestão funcional é um deles, é preciso alterar elementos que sustentam o próprio paradigma.

Se não tivermos lideranças que queiram permitir essa mudança, continuaremos produzindo profissionais que se dedicaram a justificar o *status quo* e fazer tudo do mesmo jeito até o fim dos dias. Se uma pessoa faz um concurso público apenas para conseguir estabilidade financeira, temos um profissional desalinhado com a necessidade do negócio serviço público.

O serviço público precisa de "servidores" – essa é a primeira mudança que precisamos identificar nas pessoas. Estamos trabalhando com servidores ou empregados dos impostos? Se não serve para o serviço, precisa ser trocado. Simples assim e sem mistérios.

A Gestão por Processos é um movimento interno e de alto impacto. Não é possível ser viabilizada por terceiros. Nós, consultores, precisamos entender nosso papel de orientadores da transformação.

Em toda organização em que eu vi a Gestão por Processos "funcionar" encontrei a mesma característica: patrocínio com envolvimento visceral das lideranças. Minha proposta é mudar a percepção das pessoas sobre o serviço público brasileiro. Seriam três as mudanças de grande visibilidade e impacto para a sociedade:

1. Criar melhores experiências para os cidadãos;

2. Mostrar para a sociedade que, sim, demitimos os empregados dos impostos e ficamos apenas com servidores públicos;

3. Entender as personas e suas expectativas atuais.

Chega de viver cultuando um pensamento "público" anacrônico, mantendo profissionais, leis e processos ultrapassados e totalmente desconectados da nossa realidade atual. Vamos mostrar para os nossos cidadãos que o serviço público também evoluiu e o novo servidor não é nada parecido com seu estereotipado antecessor.

Qual o papel dos profissionais para que as instituições evoluam nesse sentido?

Complementando a resposta da pergunta anterior, o profissional é o único responsável pela evolução da instituição. É o profissional, verdadeiro servidor público, quem vai operacionalizar e orientar a mudança. Vivencio uma silenciosa revolução positiva acontecendo desde 2009. Quando comecei a ensinar BPM no Brasil, nem 10% dos alunos eram servidores públicos.

Hoje em dia, posso dizer que dos meus mais de 3.300 alunos de BPM, até agora, mais da metade é de servidores dos mais variados órgãos e funções. Só para complementar essa informação: desde 2014 o maior polo de profissionais certificados em Gestão por Processos (CBPP) é Brasília (DF).

Isso é muito significativo para quem entende o que está acontecendo. São os servidores se preparando para a transformação mais adequada e necessária. Nosso país precisa dessa mudança o mais rápido possível.

No artigo "A retomada da gestão é a retomada do crescimento" você afirma que, aproximadamente, 80% dos trabalhos que realizamos no dia a dia podem ser considerados desperdício, já que estão relacionados à repetição de atividades. Como transformar essa realidade nas organizações públicas?

Precisamos (1) entender os processos ponta a ponta e (2) perguntar para cada atividade de processo que existir ao longo do caminho: "Atividade, qual o seu propósito aqui neste processo?".

Se a resposta não tiver uma ligação forte com o verdadeiro objetivo do processo, essa atividade – provavelmente – é um controle, correção de erro, burocracia, não possui valor, é algum tipo de alçada de aprovação ou trabalho mal definido. Ao tentar descobrir se uma atividade tem relação com o objetivo final do processo, estamos tentando definir se aquele trabalho deveria ou não estar ali ou existir.

Um processo ideal teria pouquíssimas atividades, quase nenhum tipo de controle e zero defeito. Sabemos que esses processos perfeitos não existem, mas é nosso trabalho diário tentar chegar perto desse ideal.

Quando não confiamos no processo, adicionamos controles. Simples assim.

Podemos considerar o excesso de burocracias como o grande "vilão" na implantação da Gestão por Processos na administração pública?

A burocracia é apenas um sintoma de uma doença muito mais perigosa. Essa doença, que nos mantém em uma UTI mundial, é composta de várias anomalias sistêmicas deste grande organismo chamado País.

Corrupção, impunidade, levar vantagem, milhares de partidos políticos, padrinhos e apadrinhados políticos etc. Tudo isso colabora enormemente para a ineficácia nacional.

Porém, todas essas mazelas também sentiriam o efeito positivo da visão interfuncional dos processos, por meio da transparência total de dados e redução de burocracia. A redução de burocracia, inicialmente, ajudaria muito a sociedade e os empresários. Porém, em longo prazo, todo o sistema se ajustaria.

Uma coisa que me intriga é encontrar profissionais que dedicam suas vidas a "auditar" se a burocracia inútil está sendo respeitada.

Não seria melhor dedicar sua vida para a simplificação das coisas?

Por onde uma organização pública deve começar quando houver intenção de implantar a Gestão por Processos?

Com o envolvimento da alta administração.

Sem a sensibilização adequada, a Gestão por Processos pode ficar parecida com um projeto que alguém começa e termina. Gestão por Processos é uma mudança arquitetural, comportamental e cultural da organização. Não é possível fazer isso sem a alta administração se comprometer.

Depois dessa sensibilização inicial, todos os colaboradores precisam se capacitar – obviamente – em diferentes níveis de aprofundamento. Porém, todos precisam falar a mesma língua e se sentir no mesmo barco.

Quando deixamos grupos de fora do movimento, estamos trabalhando contra o nosso objetivo e criando indivíduos descrentes da mudança. Envolver para sensibilizar. Depois, capacitar para operar.

É possível mensurar os ganhos que uma instituição pública terá a partir da implantação da Gestão por Processos?

Sim. O indicador mais importante e que todos devem implantar em sua medição diária é: "O que o cidadão está achando da mudança?"

Depois da criação de tantos métodos, modelos, Gespúblicas, MEGs etc., estranhamente, depois de tanto esforço, esse ainda é o critério que até agora não conseguimos alcançar. Precisamos esquecer por um bom tempo essas medições, certificações e premiações que só avaliam trabalho interno e se tornaram um negócio.

Cidadãos estão morrendo em filas, sem serviços, sem escolas, sem estradas, sem segurança, cansados, desiludidos, há burocracia enlouquecedora em tudo que fazemos, serviços de péssimo nível. E prêmios de qualidade para todos os lados. Isso – realmente – faz algum sentido?

Traga um estrangeiro de algum país desenvolvido, deixe ele viver um tempo por aqui e depois diga para ele: você sabia que esses órgãos ganham prêmios anualmente? Consegue imaginar a reação dessa pessoa? Ué, porque não ficamos igualmente indignados? Às vezes consigo algumas antipatias quando falo isso, mas falo assim mesmo. Se você acredita que algum serviço público neste País merece um prêmio, antes de entregar a honra, pergunte ao cidadão comum o que ele pensa sobre isso.

Segundo a filosofia *Lean* e *Outside-in*, o Cliente (cidadão) é o único capaz de definir o valor das coisas. Se o Cliente não percebeu o valor, erramos. Ponto final.

Precisamos interromper as engrenagens que nos mantêm em movimento automático de autoindulgência. No final, o ganho não é apenas para a instituição, mas, principalmente, para os seus Clientes.

Quando o cidadão perceber que algo ficou melhor, teremos acertado na medida do nosso esforço.

Serviços, Processos, Clientes e Lucro

Muitos me perguntam se, ao falar de Outside-In (OI), ou orientação pelo foco dos Clientes, estaria eu desviando do Gerenciamento de Processos de Negócio (BPM) e indo para searas mais estratégicas e de marketing.

Vou aproveitar essa dúvida comum na comunidade de processos para tentar esclarecer alguns conceitos importantíssimos para o entendimento dessa abordagem e, principalmente, para evidenciar os impactos diretos de OI nos processos corporativos, no relacionamento com os Clientes e, finalmente, no lucro apurado. Vamos começar esta conversa pensando no seguinte:

Você está plenamente satisfeito com os serviços e produtos que você utiliza e consome no dia a dia? Não?

Você não sente que poderia ser melhor e, se necessário fosse, consideraria até mesmo pagar um pouco mais para ter um produto/serviço ainda mais adequado e, por que não, encantador?

Se você considerou a possibilidade, seja bem-vindo ao grupo. Você faz parte da maior parte dos Clientes do mundo. É neste ponto, no qual atingimos alguma consciência sobre o atendimento dos desejos, anseios, vontades e necessidades do Cliente moderno, que o *Outside-In* torna-se extremamente válido. Mais ainda: é exatamente nesse ponto que a inovação em serviços nos leva à melhoria constante dos processos.

Quando falamos de melhoria de processos com BPM, devemos lembrar que os processos precisam atender, suportar e viabilizar os objetivos estratégicos das empresas. Considerando que uma empresa com fins lucrativos tem como seu grande objetivo ter lucro, devemos começar a aceitar que o lucro é oriundo do seu relacionamento com os seus Clientes. Se uma empresa entende os seus Clientes como o centro de seu universo, ela vai tentar cuidar muito bem do seu relacionamento com este importantíssimo corpo celeste. Evolutivamente, e considerando que os seus Clientes se relacionam com a empresa através do consumo de serviços, pergunto:

Não estaria na hora de tratar esses serviços como uma "jornada" pela qual seus Clientes optaram por percorrer ao seu lado (empresa)?

Sendo assim, a inovação nos serviços prestados aos Clientes nos fornece uma nova gama de oportunidades. Neste mesmo momento, a empresa passa a ter a consciência de que: o foco de análise e desenho de melhorias deve estar na jornada de seu

Cliente. É na jornada que devemos criar as experiências memoráveis e únicas para os nossos Clientes!

Um serviço inovador, e de grande valor percebido pelos Clientes, deve considerar ao menos 5 áreas de *design* para a criação da melhor experiência durante a jornada. Para facilitar, vamos fazer um paralelo com um espetáculo de teatro e apresentar as áreas de Experiência da Inovação:

1- Ambiente Físico (Palco)

2- Trabalhadores (Atores)

3- Processos de Serviços (Roteiro)

4- Clientes (Público)

5- Apoio do BackOffice (Bastidores)

Uma jornada de sucesso deve cuidar destes 5 elementos com muita atenção. O início, o fim e os momentos de auge do espetáculo devem ser muito bem definidos e gerenciados. Pensando nisso:

Você tem realizado bons espetáculos?

Tem assistido bons shows?

Para não tornar o artigo cansativo, vamos conectar os pontos entre **Serviços**, **Processos**, **Clientes** e **Lucro** e ver como todos estão intimamente relacionados.

Serviços

Sabemos que os Clientes se relacionam com as empresas por meio de serviços e, mais ainda, sabemos que os serviços devem ser configurados para gerar a melhor experiência e, consequentemente, uma melhor percepção de qualidade e valor. Um serviço deve ser realizado com essa orientação, mas precisa do suporte de processos para tal.

Processos

Sabemos que os processos são vitais para qualquer tipo de empresa. Sabemos que levantamento, análise e melhoria destes processos devem ser atividades constantes e evolutivas na gestão das empresas. Um processo orientado a Cliente (OI) é diretamente atrelado e só é possível de ser mantido com a gestão moderna dos processos de negócio, apoio e gestão (leia-se BPM).

Clientes

Como falamos no texto anterior, a criação dos momentos da verdade (*MoT - Moments of Truth*) deve ser um trabalho constante e cuidadoso. Pense no seguinte:

O resultado da soma dos MoTs é igual à jornada de experiência do Cliente. A jornada deve ter sempre resultado positivo.

Lucro

Os serviços que criam jornadas positivas são serviços apoiados por processos orientados a Cliente (OIP). Estes mesmos serviços devem compor o mapa da jornada – ou o mapa de experiência dos Clientes. Cada serviço oferecido durante a jornada deve ser uma oportunidade de fidelização, atratividade e, claro, rentabilidade (i.e. lucro).

Para finalizar, ao menos por hora, gostaria de deixar uma tradução contextualizada de um trecho de *Practice lead, Service Design and Innovation*:

"Uma boa inovação é resultado de um processo de nutrição de ideias. Mesmo após lançar um novo serviço você deve evoluí-lo continuamente. Empresas que inovam com sucesso normalmente lançam algo "Bom", e depois o evoluem para que se torne "Muito Bom". Um dos grandes erros é achar que devemos lançar algo sensacional todas as vezes. Geralmente só conhecemos serviços inovadores que foram desenvolvidos e resolvidos continuamente."

Foco Do Cliente, Outside-In & BPM

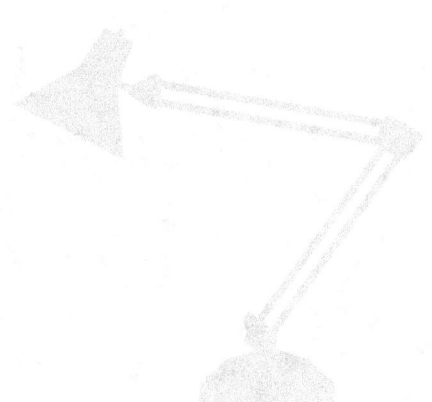

1- Axioma da Gestão Atual

Toda organização, independentemente de seu fim e porte, pretende realizar sua missão e atingir suas metas e, para tanto, precisa constantemente avaliar seus objetivos, estratégias, ações e controles.

A composição de cenários resultantes dessas avaliações é um modo de tangibilizar alternativas. O Ciclo composto por Avaliação, Criação e Realização desses cenários reflete o esforço organizacional necessário.

BPM, ou Gerenciamento de Processos de Negócio, é a disciplina-guia deste esforço contínuo (inferência axiomática).

2- Novo Postulado Organizacional

O foco NO Cliente não é mais suficiente.

O foco DO Cliente é uma obviedade moderna.

Cada Cliente é um Dono de Valor.

Os Clientes irão co-criar os produtos e serviços das organizações.

As organizações devem focar na criação da melhor Experiência de Relacionamento para os seus Clientes. As Experiências de Relacionamento definem os processos que devem ser criados, eliminados, melhorados e a formo como serão geridos.

3- A Exposição de Atributos Organizacionais

Ao expor para os Clientes os atributos que a organização precisa prover para a sociedade, a organização está se valendo do poder realizador da rede, e da criatividade do Consciente (Durkheim) e do Inconsciente Coletivo (Jung).

As organizações que compartilham com seus Clientes a responsabilidade de definir seus produtos e serviços, bem como a forma que se dará o relacionamento entre as partes, tendem a alcançar melhores resultados e ter maior receptividade da sociedade em geral. Essa teoria não revoga a obsolescência programada, mas, sim, evidencia a obsolescência percebida como o resultado efetivo e rentável do atrito entre o que é desejado pelo Cliente, e o que lhe está disponível. Explicando resumidamente o axioma:

O Foco no Cliente não é mais suficiente

Entende-se por foco NO Cliente todo o esforço organizacional para uma melhor compreensão das necessidades dos Clientes com base nas suposições, ideias e oportunidades percebidas dentro das organizações.

É olhar para fora da organização e tentar entender o Cliente. Esta abordagem ignora elementos transformadores da cultura e a nova dinâmica de relacionamento dos Clientes com os produtos e serviços existentes na sociedade.

O Foco do Cliente é uma obviedade moderna

Ter o foco DO Cliente, ou perceber os serviços e produtos a partir da experiência real do Cliente, não é algo novo. As organizações mais modernas em sua forma de gestão e estratégias de mercado perceberam o poder de identificar as oportunidades que está fora dos domínios organizacionais. Não considerar o foco DO Cliente como um elemento crucial para a melhoria de relacionamento e seus resultados é um equívoco das organizações, que o mercado e a sociedade não mais perdoam.

Cada Cliente é um Dono de Valor (*Value Owner*)

Assim como os processos de uma organização madura precisam de elementos formais responsáveis pelos seus resultados finais, chamados de Donos de Processo (*Process Owner*), a sociedade cria e mantém dinamicamente elementos responsáveis pela identificação e aferição de valor para cada produto ou serviço consumido. Este elemento é o Cliente. Ele é o único que sabe o verdadeiro valor que um produto ou serviço possui e, para isso, empiricamente cria um resultado derivado da sua expectativa prévia versus sua experiência de relacionamento.

As organizações precisam aprender a alocar o Dono de Valor em suas definições estratégicas.

Os Clientes irão Co-Criar os Produtos e Serviços das Organizações

Cada vez mais a sociedade interage em rede, mesmo que inconscientemente. É cada vez maior o número de trabalhos que realizamos como Clientes, e que antes eram realizados por funcionários de organizações fornecedoras – i.e. *Internet Banking*, Lojas Virtuais etc.

Esse tipo de relacionamento demanda uma customização ou adequação de perfil cada vez maior. As necessidades específicas de cada grupo, ou indivíduo, são obviamente melhor representadas por seus membros componentes.

A criação colaborativa de novos produtos, serviços e formas de relacionamento é um esforço evolutivo, involuntário e incontrolável. Cabe às organizações conduzir esses esforços para uma melhor realização e entrega para a sociedade.

As Organizações devem Focar na Melhor Experiência de Relacionamento com seus Clientes

É natural que o Dono de Valor, ao colaborar na co-criação de novos produtos e serviços, crie também novas expectativas quanto às experiências de relacionamento com as organizações.

Esse ciclo criativo evolutivo demandará das organizações um cuidado cada vez mais objetivo em torno dos seus pontos de relacionamento e contato com seus Donos de Valor e, mais ainda, cada momento da verdade (MoT) deverá ser eliminado ou transformado pelas organizações de forma pragmática e com base em indicadores de um mapa da experiência de relacionamento.

As Experiências de Relacionamento definem os Processos que devem ser Criados, Eliminados, Melhorados e como serão Geridos

Uma vez que os Donos de Valor criem colaborativamente com as organizações, os produtos, serviços e a forma como será o relacionamento entre as partes, é crucial que a organização defina que os pontos de contato com seus Donos de Valor são a origem dos esforços de entendimento, monitoria e melhoria de processos. A concepção formal de processos de negócio como primários, de apoio e de gestão, tende a sofrer mudanças.

A nova cadeia de valor tem um dono onipotente e onipresente -
o Dono de Valor.

Esse poderia ser considerado um caso prático de evolucionismo
sócio-organizacional.

BPM Social & Eleições

O Processo Eleitoral, a Qualificação do Eleitorado e a Igualdade Social.

Hoje fui ao mercado comprar algumas coisas e, na hora de passar no caixa, tive uma visão bastante crua e real sobre nossa sociedade. Não é que eu tenha descoberto algo novo, mas o evento funcionou como um gatilho de um processo mental muito maior. Se esta munição é de festim, somente o tempo dirá. Antes de avançar neste ensaio, gostaria de deixar bem claro para o leitor a minha intenção ao escrever o material:

- quero incomodar e provocar os acomodados, desafiar paradigmas e, principalmente, propor que o leitor calmamente reflita sobre o assunto;
- que você seja racional e imparcial ao fazer sua análise;
- converse com seus colegas sobre este artigo, fale com sua família. Elabore uma linha de pensamento.

Por favor, depois, diga sua opinião. Afinal, pensar, opinar e decidir é exatamente o tema deste material. Permita-me começar fazendo uma pergunta:

"Quanto pesa o seu voto?"

Você pode estar achando que eu enlouqueci de vez. Essa é uma possibilidade real, mas não acredito que seja o caso – ao menos por agora.

Sim. O voto pesa e vou dizer o quanto.

Vamos analisar o nosso processo eleitoral em alto nível (sem muita tecnicalidade no momento) e com abstração suficiente para permitir o mínimo de fluidez ao texto.

Para esse objetivo, divido em dois tipos o eleitorado brasileiro. Claro, estou sendo o mais abrangente e generalista possível – entenda isso como uma licença poética necessária para exposição da ideia.

Eleitor tipo 1

(Apenas uma representação da regra, mesmo sabendo que existem exceções).

Sou uma pessoa alfabetizada ou com escolaridade mínima, mas com muita dificuldade de interpretação de textos mais complexos e compreensão de assuntos que fogem ao meu cotidiano.

Quando consigo um trabalho, tenho uma renda baixa, complementada por "bolsas" de toda sorte e de todas as esferas do governo.

Por diversos motivos, não participo ativamente e nem mesmo me sinto membro da sociedade.

Tenho "representantes" políticos que funcionam como espelhos côncavos para as mazelas da minha classe social.

Espero muito do governo eleito, contribuo muito pouco, tenho muitos filhos e sem qualquer planejamento.

Estou sempre aguardando uma oportunidade para sair dessa situação – mesmo sem saber como.

Voto por obrigação. Quero que o político eleito me ajude a ter algum retorno imediato.

Meu entendimento sobre o funcionamento de uma república federativa é mínimo ou nulo.

Minha compreensão de boa administração normalmente não tem qualquer relação com macro ou microeconomia nacional, ou qualquer outro critério de relevância administrativa.

Eleitor tipo 2

(Apenas uma representação da regra, mesmo sabendo que existem exceções).

Sou uma pessoa com escolaridade média ou superior, tenho bom entendimento de textos mais complexos e uma capacidade cognitiva trabalhada suficientemente.

No trabalho exerço funções das mais variadas, desde apoio e análise, até a gestão de organizações e negócios. Minha renda varia desde a classe média até os considerados "ricos".

Participo muito pouco da comunidade política e social.

Tenho "representantes" políticos que funcionam como espelhos convexos do que considero necessário.

Espero muito do governo, contribuo financeiramente de forma esmagadora, tenho cada vez menos filhos – quando os tenho.

Luto diariamente para me manter na "corrida dos ratos". Alguns conseguem sair.

Voto na maioria das vezes por obrigação. Ao escolher um representante procuro identificar as possíveis melhorias que este traria para mim e para minha classe (social, religiosa, cultural, profissional etc.).

Meu entendimento sobre o funcionamento de uma república federativa já foi muito melhor, mas está cada vez mais enferrujado, confuso e deteriorado por tempo e desuso.

Minha compreensão de boa administração está diretamente atrelada ao número de escândalos, obras prometidas x realizadas, inflação percebida nas compras do dia a dia e taxas de juros em financiamentos de bens móveis e imóveis.

Qual o peso do voto do eleitor tipo 1 e qual o peso do voto do eleitor tipo 2?

Você, prontamente, e com toda a certeza da exatidão democrática brasileira atual, me responderá:
"Todo voto tem o mesmo peso e valor."

Parabéns!
Você também leu, ouviu e assistiu ao mesmo material que prega essa abordagem como a mais justa e correta.

E quando vamos procurar um emprego, quanto pesa o seu diploma, a sua facilidade em trabalhar em equipe, seu inglês, espanhol, mandarim etc.?
E todo o esforço que você faz para viver com dignidade, manter o trabalho, ter algum conforto e pagar os impostos?
Por que você precisa ser um semideus para conseguir aquele tão almejado cargo/salário, mas basta ter jogado futebol a vida toda, ou ter sido um palhaço-político, para ganhar muito mais e ainda ter "imunidades" sociais, parlamentares e criminais?
Você contrataria para diretor ou gestor da sua empresa um palhaço, semianalfabeto e que, publicamente, diz não saber o que vai fazer?

E um estilista para a função de engenheiro mecânico?

O RH da sua empresa ficaria feliz com essas suas indicações?

Eu duvido muito.

Por que cargas d'água cometemos essas atrocidades com a organização mais importante da qual todos fazemos parte e que impacta diretamente toda a nossa vida – profissional e pessoal?

A resposta é simples:

Os votos dos dois tipos de eleitores apresentados anteriormente têm o mesmo peso. É, também, por isso!

Vamos analisar um pouco mais a situação.

Para o eleitor do tipo 1, esse tipo de aberração é apenas um retrato da sociedade e, provavelmente, se ele mesmo tivesse a oportunidade, também seria candidato.

Você sabe o que faz um deputado federal?

Nem ele. Lembra dessa "pérola" dita na TV pelo candidato?

Para o eleitor do tipo 2, votar em tal palhaçada seria uma ofensa para muitos, mas também seria igualmente "divertido" e "transgressor" para muitos outros. A verdade é que, para ambos os tipos de eleitores, uma formação específica para conscientização real sobre a sua participação na organização chamada Brasil se faz necessária e é urgente!

Lembro-me bem de ter aprendido OSPB nos tempos de escola (sem entrar no mérito da época).

Informação para os leitores com menos de 40 anos:

OSPB é o acrônimo para Organização Social e Política do Brasil e foi ensinado até o início dos anos 90. Não era nenhuma maravilha, mas trazia para os estudantes elementos essenciais para a compreensão do funcionamento e as características constituintes do nosso país. O tipo de informação que OSPB trazia só encontrei novamente quando comecei a cursar a faculdade de direito... mas, voltando ao cerne, minha proposta é:

Vamos atribuir pesos diferentes aos votos dos diferentes tipos de eleitores. Seria o estabelecimento de uma Meritocracia Eleitoral. Mudar a obrigatoriedade do voto não muda o tipo de eleitor e, por isso mesmo, o consequente resultado de uma eleição.

A forma é relativamente simples:

- o voto pode continuar obrigatório;
- todos continuam tendo direito ao voto;
- todo eleitor tem o voto com peso 1, desde que ainda não tenha prestado o exame de "meritocracia eleitoral";

- caso o leitor queira "pontuar" mais na eleição, assim como fazemos para dirigir um carro, ele deve fazer o *download* da "apostila de atualização eleitoral", ou retirá-la impressa em sua zona eleitoral.

A apostila de atualização eleitoral, fazendo uma analogia aos temas de habilitação de condutores, deve contemplar temas elementares, tais como:

- votação defensiva (sim, você entendeu a analogia da ideia);
- primeiros Socorros da Sociedade Brasileira.

Além disso, conteria algum material parecido com fundamentos e princípios da Organização Social e Política do Brasil, Melhoria de Processos Públicos e Serviços ao Cidadão, Responsabilidade Social e Ecológica etc.

Após estudar a apostila, o eleitor agenda o seu exame e faz o teste.

Seu desempenho é apresentado imediatamente e, caso seja necessário, nova prova pode ser feita após um ano.

Com o resultado do exame, o eleitor receberá um índice que será atrelado ao peso original do seu voto (1). Dependendo de sua pontuação, o eleitor pode ir do peso 1 até peso 2.

Ou seja, independentemente da classe social ou nível de escolaridade, todo cidadão brasileiro, que tem verdadeiro interesse em participar da sociedade para ajudar a definir o rumo da nação, poderia estudar, se preparar, aprender e avaliar seus conhecimentos com o exame de Meritocracia Eleitoral.

Alguns impactos imediatos no processo eleitoral e no eleitorado:

- teremos eleitores originais (com peso 1) que naturalmente se sentirão incomodados com essa situação e lutarão para galgar novos pesos. Caso contrário, permanecem com o voto com o peso ao qual têm direito até hoje;

- teremos eleitores qualificados (peso maior que 1). Esses se sentirão diferenciados e reconhecidos pelo seu empenho, conhecimento, envolvimento etc. Ou seja, gerando o sentimento de valorização do cidadão por seu mérito;

- os eleitores qualificados tendem a se tornar mais ativos na política e socialmente;

- os partidos políticos, frente ao conhecimento e o crescente envolvimento político-social dos eleitores, deverão escolher cada vez melhor os seus representantes para disputa de cargos nas eleições, pois os palhaços, os jogadores de futebol, os suspeitos de crimes, que nunca são condenados, ou qualquer outro "político" desse tipo terá cada vez menos atratividade. Cada vez menos apelo e cada vez menos votos;

- o eleitor original, que quiser ver um representante seu servindo a sociedade – e não apenas no poder – precisará cada vez mais entender o que é ser um representante e qual sua verdadeira missão enquanto servidor público. Isso reduzirá muito o índice absurdo e pueril de popularidade que vimos ultimamente – conseguido claramente com medidas populistas e de manobra de massa desqualificada até mesmo para avaliar o trabalho realizado.

É preciso ter humildade suficiente para assumir que estamos no caminho errado. Para fazer essa mudança de postura não basta reconhecer que o Brasil cometeu muitos erros. Mais importante ainda é aceitar que está na hora de promover a mudança.

Está na hora de tirar os antolhos, deixar a demagogia, ser prático e pragmático.

É preciso parar de aceitar e velar essa igualdade que nunca existiu entre as classes. A falsa igualdade que a nossa recente democracia preza é evidentemente uma forma de manter o *status quo*, de não tirar os grupos que até hoje estão no poder. Ou você realmente acredita que é representado por algum político ou partido?

Se sim, proponho uma "prova dos 9" sobre a sua fidelidade ao formato político atual:

Que tal você deixar sua família viver com tudo que é feito, provido e prometido pelos "políticos"?

Nada de escolas particulares, carro particular ou plano de saúde. Tudo deverá ser feito pelo serviço público. Você topa?

Bom, antes de ser acusado de elitista ou qualquer outra cafonice dessas, quero deixar registrado que minha origem familiar é basicamente formada por eleitores do tipo 1. Portanto, a acusação não vai colar.

Finalizando, gostaria de ratificar aqui o principal elemento proposto na meritocracia eleitoral:

O mérito!

Nós, brasileiros, entendemos a importância de dar ajuda aos mais necessitados, porém, não nos preocupamos em saber quanto custa e nem mesmo de que forma a verba para levar essa ajuda está sendo administrada.

Somente quando os escândalos de corrupção (quase diários) são noticiados é que "comentamos acaloradamente" (nas redes sociais) o quanto repudiamos esse tipo de comportamento, que a política é isso, é aquilo etc. Um mimimi terrível e sem objetividade.

Quando nossos eleitores tiverem merecido ter seus votos com peso 2, certamente a nossa sociedade terá sido fortalecida.

Uma boa educação de base para os nossos filhos é o essencial.

Um bom hospital é o mínimo que queremos depois de pagar tantos impostos.

Um eleitor capacitado e consciente é o mínimo que nossa democracia merece.

Você sabe como podemos fazer mudanças relevantes em nosso país, antes mesmo de estabelecer a meritocracia eleitoral?

Cuidando de perto do nosso capital e de quem o administra. Sabe como?

Levantando, documentando, analisando, melhorando, realizando e monitorando os nossos processos públicos. Dessa forma saberemos como cada recurso é utilizado, como os serviços são prestados, o que está certo e o que não está.

Não há politicagem ou "esquema" que resista a uma transparência pública efetiva.

Com o gerenciamento dos nossos processos (os processos públicos brasileiros), teremos condições de sobra de prover melhores serviços ao cidadão, utilizando cada vez melhor os nossos recursos e, dessa forma, caminhando para uma real igualdade social e de direitos. Esse é o verdadeiro BPM Social.

Chega dessa procrastinação eterna de responsabilidades.
Chega de bolsas-cabresto!

No âmbito da gestão pública, precisamos cada vez mais de profissionais, processos e serviços melhores.
Vamos começar?

www.GartCapote.com

www.ingramcontent.com/pod-product-compliance
Lightning Source LLC
Chambersburg PA
CBHW081721220526
45468CB00008B/1930